Cora Besser-Siegmund

Frei von Angst und Panik

Auslöser erkennen und durch Gedanken Sicherheit erleben.
Angst in positive Gefühle verwandeln und als sinnvolle Kraft nutzen

SÜDWEST

Inhalt

In den westlichen Industrienationen sind Angstprobleme inzwischen eine Volkskrankheit.

Keine Angst vor Panik 4

Warum haben wir Angst? 6

Wozu die Angst ursprünglich diente 8

Fehldeutung von Körpersignalen 12

Wie das Gehirn die Angst organisiert 15

Wann Angst normal ist 19

Die häufigsten Angsterkrankungen 22

Paniksyndrom und Agoraphobie 22

Generalisiertes Angstsyndrom 24

Spezifische Phobien 26

Sozialphobien 27

Posttraumatische Belastungsstörungen 28

Welche Menschen haben Angst? 28

Wegbereiter für die Angst 30

Unterschiedliche Angstbereitschaft 30

Überforderung und Erschöpfung 33

Die persönliche Lerngeschichte 35

Übertriebener Perfektionismus 37

Schlafstörungen können die Angst noch verstärken. Sanfte Naturheilmittel schaffen hier Abhilfe.

Inhalt

Angstprobleme stellen sich häufig bei Menschen ein, die dauerhaft unter Stress stehen.

Soziale Spannungsfelder	38
Angst als Vermeidungsverhalten	40
Reizüberflutung	41
Belastende Erlebnisse	43

Gedanken als Angstauslöser — 44

Rationale und irrationale Gedanken	45
Gedankentagebuch gegen die Angst	49
Der Ausstieg aus dem Teufelskreis	52

Die Angst bewältigen — 56

Der Eichhörncheneffekt	58
Die Magic-Words-Methode	62
So arbeiten Sie mit Magic Words	67
Den Überblick behalten	68
Die Umschalttechnik	71
Tarzan's Trick	73
Den Drachen zähmen	75

Weitere Hilfen gegen Ängste — 78

Professionelle Hilfe suchen	79
Das Thema »Medikamente«	81
Bewährte Naturheilmittel	86
Die richtige Ernährung	91
Regelmäßige Bewegung	93
Der Weg in die Freiheit	94
Über dieses Buch	95
Register	96

Führen Sie ein Angsttagebuch: Dadurch werden Ihnen die Hintergründe Ihrer Angst klarer.

Keine Angst vor Panik

Diese Überschrift mag auf den ersten Blick vielleicht paradox wirken. Doch sie gibt treffend das Anliegen dieses Buchs wieder: Der Leser soll Panik und Angst als von ihrem Ursprung her natürliche und vor allem gesunde Körperreaktionen erkennen. Hat man den Mechanismus dieser Gefühle erst einmal durchschaut, lindert sich vor allem der »Symptomstress« – also die Furcht vor Angst – auf spürbare Weise. Das wiederum verringert die Entstehungsenergie von zukünftigen Panikattacken. Der erste Teil dieses Buchs ist daher dem Ziel gewidmet, Verständnis für die verschiedenen Angstphänomene zu wecken. Eine wirkungsvolle Angstreduktion kann nur dann stattfinden, wenn man lernt, den Angstmechanismus gründlich zu durchschauen. Das sorgt dafür, dass die Selbstsicherheit und das Vertrauen in den eigenen Körper steigen. Im Anschluss an diesen theoretischen Teil werden eine Reihe von wirksamen Selbstmanagementtechniken zur gezielten Angstreduktion vorgestellt.

Der Zusammenhang von Angst und Gedanken

Jedes »Angstschicksal« ist ganz individuell. Im therapeutischen Bereich wird explizit zwischen Angst- und Panikproblemen unterschieden. Bei Menschen mit Angstsymptomen reicht die Einschränkung der Lebensqualität von leichter Beeinträchtigung bis hin zu völliger Isolation im Privat- und Berufsleben. Hier stößt auch dieses Buch an seine Grenzen. Denn nicht alle Formen der Angst lassen sich allein durch Selbstregulation positiv beeinflussen. Daher wird auch gezeigt, in welcher Situation professionelle Hilfe in Anspruch genommen werden sollte.
Unabhängig von der jeweiligen Ausprägung der Ängste haben alle Menschen mit diesen Symptomen eines gemeinsam: Sie wissen ganz genau, dass ihre quälenden Ängste oder Panikanfälle meist völlig unbegründet sind: »Ich weiß beim besten Willen nicht, warum ich mich in dieser Situation nicht zusammenreißen kann – andere schaffen es doch auch!« So

Vielen Menschen, die unter Angststörungen leiden, sind ihre Probleme peinlich. Sie erzählen noch nicht einmal Familienmitgliedern von ihren Symptomen. Die meisten haben das Gefühl, zu versagen, weil sie sich selbst nicht in den Griff bekommen.

machen sich die Betroffenen selbst Vorwürfe. Den meisten ist dabei nicht bewusst, dass allein schon ein solcher Gedanke – also der Ärger auf sich selbst – der Auslöser für die nächste Angstattacke sein kann: Der Pulsschlag erhöht sich, die Herzfrequenz steigt, und der Ärger führt zur vermehrten Ausschüttung von Stresshormonen.

Gedankenmuster »umprogrammieren«

Angstphänomene entstehen also nicht ausschließlich durch Eindrücke von außen, sondern oft auch in unserer Innenwelt – der Welt des unbewussten Denkens. Hier liegt auch die Chance zur Überwindung von Ängsten: Durch gezielte Selbstregulation kann der Teufelskreis durchbrochen werden. Ein Beispiel für solche Mentalstrategien ist die folgende kleine Übung: Sie sehen auf dieser Seite eine Abbildung des Worts »Angst«. Die bildliche Darstellung kann ein erster Schritt auf dem Weg zur inneren Versöhnung mit diesem Phänomen sein. Wann immer Sie das Wort »Angst« lesen oder hören, lassen Sie vor Ihrem geistigen Auge die »Buchstabenfreunde« aufmarschieren. So gewöhnt sich Ihr Gehirn bei diesem Schlüsselwort an eine Mischreaktion aus Ängstlichkeit und Humor.

Menschen, die unter Angstsymptomen leiden, fürchten sich vor den Reaktionen ihrer Mitmenschen: Sie haben nicht nur Angst vor der Angst, sondern vor allem auch davor, dass andere etwas von der Angst erfahren könnten.

Bei Angstpatienten ist das Wort »Angst« oft zum Synonym für Leiden, Isolation oder gar Gefangenschaft geworden. Diese Einschränkung der Lebensqualität lässt sich durch gezielte Mentalübungen ändern.

Warum haben wir Angst?

Der erste Schritt, um Angst zu überwinden, liegt darin, sich Klarheit über ihre Ursachen zu verschaffen. Unwissenheit ist ein idealer Nährboden für die Angst.

Warum haben wir Schluckauf? Warum niesen wir? Wozu ist eigentlich das Weinen da? All diesen Phänomenen liegt dieselbe Ursache zugrunde: Wir haben diese körperlichen Reaktionen, weil sie uns angeboren sind. Auch Angst und Panik sind von Anfang an ein Bestandteil unseres Organismus. Welchen Sinn und Zweck diese Körperprogramme ursprünglich in unserem Leben und für unsere Gesundheit hatten, ist zunächst eine Frage unserer Entwicklungsgeschichte. Für unsere seelische Balance gibt es angesichts dieser biologischen Phänomene nur eine Chance: Wir müssen lernen, uns mit unserem Körper und seinen Funktionen zu versöhnen.

Das Phänomen der Angst vor der Angst

Stellen Sie sich einmal vor, eine Person – nennen wir sie einmal Andrea – hätte noch niemals im Leben einen Schluckauf gehabt. Eines Abends sitzt Andrea nun vor dem Fernseher und wird plötzlich unvorbereitet von einem ganz besonders heftigen Schluckauf überrascht: Sämtliche Muskeln im Brustkorbbereich ziehen sich krampfartig zusammen, ein Würgen schnürt ihr fast die Luft ab, und aus ihrer Kehle quetscht sich ein unkontrollierter, lauter Hickslaut hervor. Andrea ist zu Tode erschrocken: »Diese heftigen Krämpfe sind ganz bestimmt lebensgefährlich!«, denkt sie gerade noch, als sie auch schon vom nächsten Anfall geschüttelt wird. Während der Schluckauf noch wütet, gelingt es Andrea, den Notarzt zu rufen. Als der eintrifft, ist der Schluckauf vorbei. Nach diesem schrecklichen Erlebnis ist Andrea felsenfest davon überzeugt, an einer lebensbedrohlichen Krankheit zu leiden. Sie meldet sich erst einmal krank. Denn was wäre, wenn sie der nächste Körperkrampf bei der Arbeit mitten im Gespräch mit einem wichtigen Kunden erwischt?

Angst ist für viele Menschen etwas schwer Fassbares und Irrationales. Es kann daher ein erster Schritt zur Angstbewältigung sein, sich mit diesem Gefühl rational auseinander zu setzen.

Vielleicht müssen Sie lächeln, wenn Sie diese Geschichte lesen, denn Sie wissen natürlich, wie harmlos Schluckauf ist. Zugegeben – es gibt einige ganz seltene Fälle auf der Welt, wo Menschen zu oft und zu lange Schluckauf haben – doch das war nicht Andreas Problem. Ihr Problem war das Erschrecken über eine völlig normale Körperreaktion, die zwar sehr heftig sein kann, medizinisch aber ohne Bedeutung ist. Sie würden Andrea wahrscheinlich raten, gelassen auf den Schluckauf zu reagieren und abzuwarten, bis er wieder vorbei ist.

Gelassenheit erlernen

Damit sind wir auch schon beim Hauptanliegen dieses Buchs. Es geht bei diesem Training um die Kunst, Ängste gelassen hinzunehmen – und nicht darum, sie wie eine bösartige Krankheit auszurotten. Diese gelassene Grundeinstellung sorgt dann dafür, dass Ängste nach ihrem Auftauchen schnell wieder verschwinden und innerer Ruhe Platz machen. Die Ängste werden zu einem Signal, das man registriert, begrüßt und dann wieder vergisst – ein natürlicher Bestandteil des Lebens, der angemessen in die Persönlichkeit integriert werden kann. Mit dieser Haltung fällt es dann auch leicht, gezieltes Angstmanagement zu erlernen und im Bedarfsfall anzuwenden. Vielleicht entdecken Sie irgendwann sogar, dass die Angst eigentlich ein Freund des Menschen ist.

Gelassenheit hilft nicht nur, wenn die Angst übermächtig wird, sondern trägt in jeder Situation dazu bei, den Überblick zu bewahren und Entscheidungen mit klarem Kopf zu fällen.

Angst als angeborenen Mechanismus erkennen

Vielleicht sind Sie der Ansicht, dass man Ängste und Panik nicht so ohne weiteres mit Körperreaktionen wie Niesen, Weinen oder Schluckauf gleichsetzen kann. Sie würden diese Phänomene vielleicht eher dem Bereich der Emotionen zuordnen. Doch im Begriff »Emotionen« steckt der lateinische Begriff »motio«, was »Bewegung« und auch »Erregung« bedeutet. Angst hat in der Tat auch ganz konkrete physische Auswirkungen: Sie bringt unseren Körper in Bewegung oder gar in Wallung. Wenn wir uns das Leben unserer Vorfahren einmal näher betrachten, können wir auch verstehen, was die Natur sich dabei gedacht hat.

Wozu die Angst ursprünglich diente

Wussten Sie schon, dass Sie eigentlich 60 000 Jahre alt sind? Das trifft natürlich nicht auf Sie als Einzelperson zu, aber auf den Aufbau des menschlichen Nervensystems, der seit Jahrtausenden von Generation zu Generation weitervererbt wird. Mit diesen in grauer Vorzeit geprägten Strukturen müssen wir nun in der modernen Zivilisation zurechtkommen. Und das ist gar nicht so einfach, denn unser heutiges Leben unterscheidet sich doch ganz erheblich von dem unserer Vorfahren.

> Alle vitalen Regungen haben einen Sinn im Leben, auch wenn das nicht immer so offensichtlich ist wie beim Hungergefühl, das uns anzeigt, wann Nahrung aufgenommen werden muss.

Gehirnprogramm für den Notfall

Unsere Urahnen mussten tagtäglich in einer Natur überleben, die rau und unwirtlich war. Sie waren gefährlichen Tieren und extremen Witterungsbedingungen ausgesetzt und mussten zudem erbitterte Kämpfe mit konkurrierenden Horden austragen. Die Auseinandersetzung mit der Umwelt spielte sich zum größten Teil auf der physischen Ebene ab, und Probleme mussten in der Regel durch körperliche Fähigkeiten bewältigt werden. Dabei spielten vor allem blitzschnelle Reflexe ein große Rolle. Sie sicherten im Notfall das Überleben, wie das folgende Beispiel zeigt.

Rettender Reflex

Ein Steinzeitmensch sitzt auf einer Wiese und stellt Pfeile her. Ein paar fertige Exemplare liegen schon neben ihm. Plötzlich hört er hinter sich ein Rascheln. Er schaut sich um und sieht aus dem Gebüsch einen Bären auf sich zukommen. Er fängt an, zu überlegen: »Was mache ich jetzt am besten? Weglaufen wäre sicher gut. Aber was passiert dann mit meinen Pfeilen? Sollte ich die schnell einsammeln und mitnehmen? Es wäre ja schade, sie liegen zu lassen, nachdem ich mir so viel Arbeit damit gemacht habe. Andererseits dauert es aber zu lange, sie aufzuheben ...« Sie merken es schon: An dieser Stelle der Überlegungen hätte der Bär längst zugeschlagen. Tatsächlich wäre unser Vorfahr schon beim ersten Rascheln sekundenschnell aufgesprungen und weggerannt – ohne erst lange nachzudenken. Die liegengelassenen Pfeile wären ihm erst sehr viel später wieder eingefallen. Seine reflexartige Schnelligkeit hätte ihm dann aber schon das Leben gerettet. Der »Fluchthelfer« ist hier das Nervensystem: Es schaltet den Körper von entspannter Ruhe auf ein leistungsfähiges, aktives Notprogramm um. Dabei wird die Gefahr dem Gehirn über Augen und Ohren gemeldet. Das Gehirn aktiviert sofort den Körper, ohne zuvor das Bewusstsein einzuschalten oder zu »konsultieren«.

Angst macht wachsam

Unser Vorfahr war höchstwahrscheinlich mit diesem Notprogramm des eigenen Körpers vertraut, denn solche und ähnliche Situation waren damals an der Tagesordnung. Die Menschen behielten ihr Vertrauen in ihre Reaktionen, weil sie diese als angemessen und natürlich empfanden. Sie nutzten die Angst als außerordentlichen Kraftschub, z. B. um sich in Sicherheit zu bringen. Sie erschraken zwar vor dem Bären, aber nicht vor dem eigenen Körper. Deshalb konnten sie sich nach gelungener Flucht auch schnell wieder beruhigen: Der Bär war schließlich weit weg, und man war mit sich und seinem gut funktionierenden Körper in der friedlichen Höhle wieder allein und konnte sich ausruhen. Zur Erholung nach der Anspannung trug auch das schnelle Laufen bei. Denn bei körperlicher Aktivität bauen sich die Stoffwechselprodukte der Angst schnell wieder ab, und der »Spuk« ist vorbei.

Bereitstellung von Bewegungsenergie

Auch heute läuft dieses Fluchtprogramm noch in unserem Körper ab, wenn wir eine Gefahr wahrnehmen. Wir sind es aber schon lange nicht mehr gewohnt, Angstimpulse in Bewegung umzusetzen. Wir verbringen einen Großteil unserer Zeit sitzend in Räumen und versuchen, uns in Angstmomenten »zusammenzureißen«. Die mangelnde Umsetzung der Angstenergie in Körperaktivität hat dabei einen ganz besonderen Nachteil: Die Stoffwechselprodukte der Angst werden nicht schnell genug wieder abgebaut und kursieren oft viel zu lange in unserem Körper.

Die Angst bewahrt uns vor Gefahren, indem sie uns auf sie aufmerksam macht. Ihre ursprüngliche Funktion ist es, uns auf unbekanntem Terrain zu besonderer Vorsicht zu veranlassen.

Warum haben wir Angst?

In früheren Zeiten setzte die Angst meist eine Reaktion in Gang, die dazu beitrug, sich in Sicherheit zu bringen. Diese Reaktion sorgte auch dafür, dass die von der Angst freigesetzten Stresshormone wieder abgebaut wurden.

Was in Angstmomenten im Körper passiert

Tritt ein Angstmoment ein, so ändert sich unser Verhalten schlagartig. Körperliche Stresssymptome machen sich im Bewusstsein breit und versuchen von hier aus, die Kontrolle über alle weiteren körperlich-seelischen Vorgänge zu übernehmen. Diese Veränderungen im Organismus stellen die Energie bereit, die wir benötigen, um Gefahren zu bewältigen. Mit anderen Worten: Angst macht mobil, und zwar unabhängig davon, ob die Gefahr real ist oder nicht.

- Noch ehe uns eine Bedrohung zu Bewusstsein kommt, reagiert schon unser Gehirn. Die Pupillen weiten sich reflexartig. Die Nachricht »Gefahr«, die von den Sehnerven übermittelt wird, regt Teile des Gehirns (Thalamus, Großhirnrinde, Hypophyse) zu Botschaften an andere Körperteile an.

- Die Nebennieren produzieren Stresshormone wie Adrenalin, Noradrenalin und Kortisol. Diese Stoffe sorgen beispielsweise dafür, dass sich die Gefäße im Oberkörper zusammenziehen und im Unterkörper weiten. Sie steigern ganz allgemein die Leistung von Muskeln, Kreislauf und Atmung.

- Das Herz pumpt vermehrt Blut in die geweiteten Gefäße der Beinmuskulatur. So werden die Muskeln schnell mit Energie für kräftige und ausdauernde Arbeit versorgt.

- Die Muskeln bringen sich oft selbst dadurch in Schwung, dass sie zu zittern beginnen. Es entsteht ein allgemeiner Bewegungsdrang, man kann nicht mehr ruhig dasitzen.

- An der Körperoberfläche werden alle Blutgefäße verengt. Das Gleiche geschieht in den Händen und Füßen. Dieses Zurückdrängen des Bluts ins Körperinnere kann im Fall einer Verwundung vor übermäßigem Blutverlust schützen, da das Blut durch die verengten Gefäße nur spärlich austreten kann. Die Verengung der Gefäße erklärt auch, warum man in Angstmomenten schnell »kalte Füße« bekommt.

Körperliche Reaktionen

Was in Angstmomenten im Körper passiert

- Die Konzentration des Bluts im Körperinneren führt dort zu einem Temperaturanstieg. Dieser wird dadurch ausgeglichen, dass der Körper außen gekühlt wird: Der so genannte Angstschweiß bricht aus und sorgt für den Temperaturausgleich. Deshalb ist einem oft gleichzeitig »heiß und kalt«.

- Der Atemrhythmus beschleunigt sich automatisch in dem Maß, wie es für einen schnellen Lauf nötig wäre. Die Brustkorbmuskeln fangen an zu arbeiten, um für den Lauf das größtmögliche Lungenvolumen zu schaffen. Diese Art der Atmung erzeugt aber, wenn Sie nicht in Bewegungsenergie umgesetzt wird, schnell ein Schwindelgefühl.

- Die Leber setzt Zuckerreserven frei, und die Bauchspeicheldrüse fährt die Insulinproduktion herunter. So steigt der Blutzuckerspiegel. Auf diese Weise werden mehr Nährstoffe zur Versorgung der Muskulatur in Umlauf gebracht.

- Die Stresshormone greifen auch in den Gehirnstoffwechsel ein. Sie blockieren den Gedankenfluss, so dass die Flucht nicht durch umständliche und für diesen Anlass zu langsame Gedanken behindert wird. So kommt es zum so genannten Tunnelblick: Die Wahrnehmung konzentriert sich auf den Fluchtweg, und alles, was sich links und rechts davon befindet, wird ausgeblendet. Denn es würde natürlich die Flucht behindern, wenn man unterwegs anhielte, um Pilze zu sammeln oder einen Strauß Blumen zu pflücken.

- Nach etwa 20 Minuten baut sich das Angstprogramm dann von ganz allein wieder ab. Das ist ebenfalls biologisch unabänderlich vorbestimmt. Denn die Organe, die Haut und die Muskulatur sollen jetzt wieder gleichmäßig durchblutet werden. Außerdem kann der Organismus nicht unbegrenzt Stressschübe organisieren. Er verfällt automatisch in einen »Leerlauf«, weil ihm nach 20 Minuten einfach der »Stoff« ausgegangen ist.

Heute findet die Angst häufig kein natürliches Ventil mehr. In den meisten Situationen, in denen Angst empfunden wird, ist Flucht in unserer Gesellschaft nicht möglich und wird auch nicht als angemessene Reaktion betrachtet.

Warum haben wir Angst?

Fehldeutung von Körpersignalen

Das ursprünglich erstaunlich gut organisierte Notprogramm aus der Vorzeit erlebt nun auch der moderne Mensch am eigenen Körper. Aber unser zivilisierter Verstand deutet diese uralten Signale meistens falsch. Der Fachbegriff dafür lautet »Fehlattribuierung«. Man führt ein Erlebnis auf eine Ursache zurück, die in Wirklichkeit mit der Sache nichts zu tun hat. Sagt man beispielsweise zu einem Kind: »Es regnet, weil du heute deinen Teller nicht leer gegessen hast«, so wird das Wetter mit dem Essverhalten in eine ursächliche Verbindung gebracht. Es gibt in der Menschheitsgeschichte und im täglichen Leben eine ganze Reihe von Fehlattribuierungen – vor allem auch bei Ängsten.

Gerade das Nervensystem ist bei Angst aufs Äußerste erregt. Der Sympathikus beschleunigt u.a. die Herz- und Kreislauffunktionen. Durch gezielte Atemübungen kann man diese Reaktionen aber gut in den Griff bekommen.

Irrtum Nr. 1 – Mein Herz versagt

Viele Betroffene haben Angst vor einem Herzversagen, weil sie Schmerzen im Brustkorb verspüren. Der tatsächliche Grund ist eine Verspannung der Brustmuskulatur, die durch die beschleunigte Atmung verursacht wird. Jeder Mensch, der sich hinsetzt, dabei aber so schnell wie beim Laufen atmet, wird nach höchstens zwei Minuten feststellen, dass sein Herz zu »rasen« beginnt. Das Herzklopfen geht mit dem für die Flucht notwendigen »Umpumpen« des Bluts einher. Ganz natürliche Reaktionen werden also als Zeichen von Krankheit fehlinterpretiert.

ÜBUNG Beruhigung durch den Atem

Gezielte Atemübungen können dabei helfen, Ängste und Panikreaktionen in den Griff zu bekommen. Eine entspannte und ruhige Bauchatmung ist sozusagen das Gegenteil unserer angeborenen Angstaktivierung. Nutzen Sie dieses Wissen, um der Angstentstehung die körperliche Grundlage zu entziehen. Kaufen Sie sich im Schreibwarengeschäft farbige Klebepunkte oder bunte Klebesticker. Befestigen Sie sie an Stellen, auf die Sie im Alltag häufig blicken: auf dem Badezimmerspiegel, dem Kühlschrank, dem Terminkalender, dem Bildschirm Ihres Computers usw. Wann immer Sie nun einen solchen farbigen Punkt in Ihrer Umgebung wahrnehmen, atmen Sie bewusst fünf- bis zehnmal ein und aus. Atmen Sie tief und regelmäßig in den Bauch hinein. Lassen Sie beim Ausatmen ganz entspannt die Schultern hängen, lockern Sie auch Ihre Nacken- und Kiefermuskulatur. Diese Übung ist besonders effektiv, wenn Sie sie nur einige Sekunden lang, dafür aber mehrmals am Tag durchführen.

Irrtum Nr. 2 – Angst ist grenzenlos

Bei einer Panikattacke glauben viele Menschen, dass der Angstpegel immer weiter ansteigt – bis hin zu einer Art »Körperkatastrophe« – wie ein Betroffener sich einmal ausgedrückt hat. Die Angstkurve entspricht aber – wie die Forschung eindrucksvoll belegen konnte – niemals dieser subjektiven Phantasie. Das wäre ja auch widersinnig: Schließlich hatte die Angst in der Evolution den Zweck, uns in Sicherheit zu bringen. Da versteht es sich von selbst, dass dieses Programm zwar kein besonders angenehmes Gefühl vermittelt, letztendlich aber lebens- und gesundheitserhaltend abläuft. Im Normalfall flacht die Angst beim menschlichen Organismus nach spätestens 20 Minuten von allein wieder ab. Anders ist dies lediglich in einer Angstphantasie: Darin lässt die Angst nie nach und wird sogar immer schlimmer – bis eine Katastrophe passiert. Ein solcher Verlauf entspricht aber nicht der Realität.

Sich der Angst stellen

Aus diesem Grund gehört das »Aushalten« zu den wirkungsvollsten Angsttherapien. Hat jemand beispielsweise Angst, mit der U-Bahn zu fahren, dann sollte er 20 Minuten lang ebendies tun – natürlich in Begleitung. In dieser Zeit wird er biologisch zwangsläufig erleben, dass die Angst nach dem ersten Anfluten kurze Zeit später von ganz allein wieder abebbt. Nach dem Abklingen der Angst wird er die U-Bahn wieder als sicheres Verkehrsmittel erleben. Steigt er aber bei den ersten Anzeichen von Angst fluchtartig wieder aus dem gefürchteten Fahrzeug aus, kommt es zu folgender Fehlattribuierung: »Zum Glück habe ich mich gerade noch in

Wer sich der Angst stellt und sie in sein Leben integriert, kann Mittel und Wege finden, sie zu überwinden. Oft stellen uns Angstsituationen ganz bestimmte Aufgaben, die wir bewältigen müssen, um im Leben weiterzukommen.

Sicherheit gebracht, bevor sich meine Angst ins Unermessliche gesteigert hat.« Der Betroffene glaubt, durch sein Vermeidungsverhalten mit knapper Not einer Katastrophe entronnen zu sein, die sich real jedoch nie ereignet hätte.

Irrtum Nr. 3 – Ich werde ohnmächtig

Viele Angstklienten befürchten, vor lauter Angst ohnmächtig zu werden. Zu einer Ohnmacht kann es aber nur dann kommen, wenn die Herzfrequenz sich verlangsamt und der Blutdruck sinkt. In Angstsituationen steigen die Blutdruckwerte – eine Ohnmacht ist ausgeschlossen.

Irrtum Nr. 4 – Ich bin verrückt

Am quälendsten ist für viele Betroffene die Sorge, verrückt zu sein oder zu werden. Im Zustand akuten Wahnsinns arbeitet das Gehirn jedoch besonders intensiv, wogegen es bei Angstzuständen in seiner Wahrnehmungsfunktion eher ausgeschaltet ist – was auch das Wort »Blackout« treffend wiedergibt. Angst und Wahnsinn werden auch von ganz unterschiedlichen Gehirnregionen organisiert. Angstklienten können ihre Symptome stets ganz rational kommentieren: »Es ist unsinnig, dass ich im Kaufhaus Angst habe, obwohl ich genau weiß, dass mir da nichts passieren kann.« Jemand, dessen klarer Menschenverstand getrübt ist, würde hingegen sagen: »Ich gehe nicht ins Kaufhaus, weil die Verkäuferinnen einem gefährlichen Geheimbund angehören.«

Angstsymptome richtig einschätzen

Fehleinschätzungen dieser Art machen oft mehr Angst als die Angst an sich. In der Verhaltenstherapie nennt man dieses Phänomen Symptomstress: Das Problem des Patienten ist nicht die Angst an sich, sondern die falsche Bedeutung, die er ihren Symptomen beimisst. Der Symptomstress ist der eigentliche Angstunterhalter, den man aber durch realistische Angstinformationen ausschalten kann.

> Werten Sie sich nicht selbst ab, indem Sie sich sagen: »Es ist verrückt, in dieser Situation Angst zu haben.« Arbeiten Sie beharrlich an sich, und Sie werden es schaffen, Ihre Ängste zu besiegen.

Wie das Gehirn die Angst organisiert

Die meisten Angstklienten können sich ihre Ängste nicht zufriedenstellend erklären. Sie vergleichen ihre Umgebung mit dem Angstgefühl und stellen dabei in der Regel fest, dass sie unnötig heftig reagieren. So erging es auch Peter, den eines Tages im Kaufhaus völlig überraschend heftige Angst überfiel. Diese Angstzustände wiederholten sich auch bei den nächsten Kaufhausbesuchen. Er überlegte gemeinsam mit seiner Frau, was der Auslöser sein könnte: War er übermüdet? Hatte er Sorgen in der Firma? Beunruhigten ihn die Reibereien mit den pubertierenden Kindern? Keine Erklärung schien ausreichend.

Vom Unterbewusstsein ausgetrickst

In der Therapie ergab sich dann ein seltener Glücksfall. Wir fanden – eher per Zufall – den Angstauslöser heraus. Vor ungefähr zehn Jahren hatte Peter Einsatz bei der Freiwilligen Feuerwehr geleistet. Dabei war er einmal in eine wirklich »brenzlige« Situation geraten: Er verlor im Feuer den Kontakt zu seinen Kollegen und hatte natürlich schreckliche Angst. Doch dieses Ereignis schien schon längst vergessen und überwunden zu sein. Als Peter nun an jenem kalten Herbsttag einkaufen ging, hatte er sich so warm angezogen, dass er im Kaufhaus zu schwitzen begann. Sein Unterbewusstsein wurde durch den Temperaturanstieg an das Feuer erinnert und reproduzierte die damit verbundenen Ängste.

Steuerung durch das limbische System

Die scheinbare Unlogik der Ängste wird von einem ganz bestimmten Teil des Gehirns organisiert: dem zwischen Kleinhirn und Großhirnrinde angesiedelten limbischen System. Diese Gehirnregion ist für Gefühle und die mit ihnen verbundenen Körperreaktionen zuständig. Das gilt übrigens auch für subjektiv schöne Gefühle, wie z. B. das Verliebtsein. Das Großhirn als übergeordnete Steuerzentrale des Nervensystems ist mehr für bewusstes Denken und Handeln als für Emotionen geschaffen.

> Nach einem Angsterlebnis schaltet das Gehirn erst einmal auf Nummer sicher. Alle Sinnesreize, die in Zusammenhang mit der Gefahrensituation standen, werden als bedrohlich empfunden.

Warum haben wir Angst?

Beim limbischen System handelt es sich um eine ringförmige Region im tiefen End- und Zwischenhirn. Es ist für unsere emotionalen Reaktionen verantwortlich.

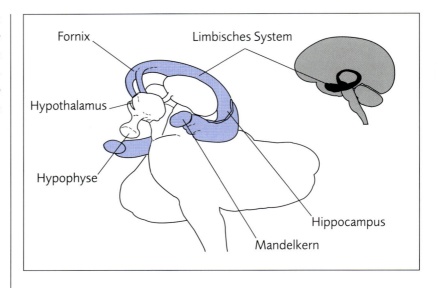

Angst wird erlernt

Das Gehirn verarbeitet alle Sinneseindrücke, die mit Gefahr verbunden waren, damit wir in Zukunft nicht wieder in die gleiche Situation geraten. Dazu gehören auch Wahrnehmungen, die uns gar nicht bewusst sind.

Das limbische System speichert Sinneseindrücke, die wir einmal intensiv mit Gefahr verknüpft haben. Statten wir nochmals unserem Vorfahren vor 60 000 Jahren einen Besuch ab: Diesmal sitzt er in der Abenddämmerung am Lagerfeuer und brät einen selbst erlegten Hasen. Plötzlich hört er ein Rascheln und wird kurz darauf von einer Kreuzotter gebissen. Es geht ihm sehr schlecht, aber er überlebt den Unfall. In der Folge geht sein limbisches System auf Nummer sicher: Die Erinnerung an das Ereignis wird generalisiert. Es schlägt zukünftig nicht nur bei kleinen grauen Schlangen mit einem Kreuz auf dem Kopf Alarm, sondern auch bei grünen oder weißen Schlangen jeder Länge. Doch damit ist es nicht genug. Alle Sinneseindrücke, die mit dem Unfall in Zusammenhang standen, werden jetzt zum Angstauslöser: der Lagerfeuergeruch, das Rascheln, die Dämmerung. Allerdings lösen nicht alle diese Sinnesreize gleich starke Reaktionen aus. So fängt unser Vorfahr beispielsweise sofort an zu hüpfen, wenn er ein Rascheln hört. Beim Geruch eines Lagerfeuers überkommt ihn aber nur ein mulmiges Gefühl. In der Fachsprache sagt man in diesem

Zusammenhang, dass die zukünftigen Sinneseindrücke, die das limbische System an »damals« erinnern, verschiedene »Angstgradienten« haben. Die Gesamtheit aller Sinneseindrücke, die mit dem Angsterlebnis in Zusammenhang stehen, nennt man ein assoziatives Netzwerk.

ÜBUNG Mein persönlicher Sicherheitsduft

Apotheken, Reformhäuser und Esoterikläden bieten inzwischen eine große Auswahl an aromatischen Ölen an. Testen Sie, ob es darunter einen Geruch gibt, den Sie mit Sicherheit und innerer Zufriedenheit in Verbindung bringen, z. B. Orange, Pfefferminze, Zimt, Honig, bestimmte Blütendüfte usw. Tragen Sie stets ein Fläschchen dieses »Sicherheitsdufts« bei sich, und schnuppern Sie ab und zu daran. Tun Sie dies aber nicht erst in Angstsituationen, sondern vermitteln Sie Ihrem Gehirn die beruhigenden Signale schon in »friedlichen« Phasen. Auf diese Weise senken Sie nämlich Ihre generelle Angstbereitschaft. Gerüche üben einen besonders starken Reiz auf das limbische System aus und setzen dort Signale, die der Angst entgegenwirken.

Der Fluch der Erinnerung

Auf der Erinnerungsbasis der Sinnesreize ist auch das so genannte Déjà-vu-Erlebnis zu erklären. In einer völlig neuen Umgebung hat man plötzlich das Gefühl: »Das hier habe ich schon einmal erlebt«. Heute weiß man, dass oft ein Geruch für dieses plötzliche Vertrautheitsgefühl zuständig ist. Die folgenden unbewussten Sinneseindrücke können ein aktivierendes Signal für das limbische System sein:

- Sehen

Eine Farbe, eine Form (z. B. ein hohes Gebäude), bestimmte Lichtverhältnisse, eine Landschaft

- Hören

Ein Lied, eine Melodie, eine bestimmte Stimmlage von Mitmenschen, eine Geräuschkulisse (z. B. Verkehrslärm mit Hupen und kreischenden Bremsen oder auch das Quietschen von Kreide auf einer Tafel)

Viele Menschen erfahren Sicherheit durch Gerüche aus ihrer Kindheit. Das kann der Duft eines jahrelang benutzten Wasch- oder Putzmittels sein, der Geruch einer bestimmten Speise oder Mutters Parfum.

Es ist gar nicht so einfach herauszufinden, warum man in einer bestimmten Situation Angst hat. Oft bleibt der wahre Grund im Dunklen. Dennoch lassen sich Strategien gegen die Angst entwickeln, die das Leben wieder normalisieren.

- Riechen und Schmecken

Diese Sinneseindrücke wirken besonders intensiv auf das Unterbewusstsein. So bekommen manche Menschen Angst, wenn sie den Geruch einer Arztpraxis einatmen. Parfums und Essensgerüche wecken oft auch sichere und heimische Gefühle. So fühlen sich fast alle Menschen unbewusst wohl, wenn sie den Geruch von frisch gebackenem Brot einatmen.

- Fühlen

Kälte oder Wärme, Herzklopfen (wie z. B. nach dem Treppensteigen)

Innere Bilder als Angstauslöser

Es gibt besonders phantasievolle Menschen, die sich in der Vorstellung fiktive Angstauslöser konstruieren. Sie malen sich beispielsweise aus, dass einem geliebten Menschen etwas Schreckliches zustoßen könnte. Fast jeder hat irgendwann einmal solche Gedanken, doch in der Regel weiß man ganz genau, dass solche Befürchtungen nur einer momentanen Stimmung entspringen und nicht der Realität entsprechen. Einige Personen gestalten ihre inneren Bilder jedoch so lebensecht, dass sie die intensive Wirkung eines realen Sinnesreizes haben: Die Bilder sind farbig, die Gestalten wirken dreidimensional, die Geräusche haben einen realen Raumklang, und die Szene wird nicht von außen gesehen, sondern vom Standpunkt eines Beteiligten, der »mitten drin« steckt.

Logik hilft meist nicht

Diese Ausführungen machen vielleicht ein wenig verständlich, warum die meisten Betroffenen sich den Grund ihrer Ängste nicht logisch erklären können. Denn die Reize, die Ängste auslösen können, sind enorm vielfältig, über alle Sinnesebenen verstreut und werden sowohl durch äußere wie auch durch innere Wahrnehmung aufgerufen. Für eine erfolgreiche Angstreduktion ist es aber auch nicht notwendig, nach dem ursprünglichen Auslöser in der »limbischen« Erinnerung zu suchen. Dabei verstreicht wertvolle Zeit, die viel effektiver zur Angstbewältigung genutzt werden kann. Sie sollten lediglich im Hinterkopf behalten, dass es die Natur der Angst ist, einen unlogischen Eindruck auf den Verstand zu hinterlassen. Malträtieren Sie sich nicht unnötig mit endlosen Erklärungsschleifen. Sagen Sie sich: »Es muss in dieser Situation etwas geben, was mein limbisches System dazu aktiviert, meinen Körper auf Angst umzuschalten.« Das reicht als Erklärung vollständig aus. Würde man der Sache unbedingt auf den Grund gehen wollen, könnte es einem wie dem Mann ergehen, der sich sein Leben lang fragte: »Warum kann ich den Regenbogen nicht anfassen?«

Die Angstbereitschaft vermindern

Erfolgreiche Angstbewältigung besteht nicht in der fieberhaften Suche nach dem Auslöser. Der Erfolg stellt sich erst dann ein, wenn sich die gesamte Angstbereitschaft eines Menschen geändert hat. So fühlte sich Peter, obwohl er die Ursache für seine Angst erkannt hatte, nach wie vor unsicher im Kaufhaus. Besserung bracht erst ein Training in aktiver Angstbewältung. Dabei lernte Peter, der Angst mit persönlichen Kraftquellen aktiv zu begegnen, und fühlte sich ihr dann gewachsen.

Wann Angst normal ist

Es gibt eine wachsende Zahl von Ärzten, die sich auf die Behandlung von chronischen Schmerzen spezialisiert haben. Nun versetzen Sie sich einmal in die folgende Situation. Ein neuer Patient stellt sich mit seinem schon Jahrzehnte andauernden Schmerzproblem bei einem solchen Arzt vor: »Herr Doktor, immer wenn ich meine Hand auf die heiße Herdplatte lege, tut sie höllisch weh! Dieses Problem quält mich schon, solange ich denken kann!« Wie würde hier wohl der Arzt reagieren? Natürlich: Er schickt den Patienten wieder nach Hause mit der Erklärung, dass dieser Schmerz eine völlig angemessene und natürliche Reaktion seines Körpers ist, die nicht behandlungsbedürftig ist. Ganz im Gegenteil – der Schmerz schützt die Hand vor einem nachhaltigen Gewebeschaden, weil sie blitzschnell wieder weggezogen wird.

Angst gehört zum Leben dazu. Problematisch wird es erst, wenn sie uns daran hindert, so zu leben, wie wir es eigentlich wollen. Dauert die Angst zu lange an, wird sie zum Hemmschuh und blockiert unsere freie Entfaltung.

Ist Angstfreiheit erstrebenswert?

Sie als Leser halten dieses Buch in Händen, weil Sie – wie im Buchtitel formuliert – »frei« von Ängsten werden wollen. Vielleicht haben Sie auch gar kein Angstproblem, sondern lesen das Buch, um jemand anderen verstehen oder beraten zu können. »Frei« von Ängsten kann und darf aber auch nur heißen: »Frei von übermäßigen Ängsten.« Wahrscheinlich gehen Sie aufgrund Ihrer persönlichen Geschichte davon aus, dass Ängste für jeden Betroffenen ein Problem sein müssen. Das ist jedoch überhaupt nicht der Fall. Es gibt heutzutage sogar eine wachsende Zahl von Menschen, deren Problem es ist, zu wenig Ängste zu haben.

Ohne Ängste droht Gefahr

Heute setzen sich viele Menschen ganz bewusst Gefahren aus – sie suchen neue Kicks, Herausforderungen und Grenzerlebnisse. Ein Grund dafür mag sein, dass der Alltag die wirklichen vitalen Kräfte nicht mehr fordert.

Menschen mit zu wenig Ängsten scheuen vor Gefahren nicht zurück – sie suchen sie sogar. Die Gefahr löst bei ihnen einen Adrenalinschub aus, den sie jedoch nicht – wie ein Angstpatient – als unerträglich erleben. Er bewirkt bei ihnen einen Rauschzustand, den sie immer wieder erleben möchten. Diese Menschen geraten aufgrund ihres Angstmangels oft in Krisensituationen, die sie mit etwas »gesunder« Angst nicht erlebt hätten. Ebenso ergeht es den »Unverwundbaren«, die z. B. keinen Sicherheitsgurt anlegen, weil sie sich einfach nicht vorstellen können, dass ihnen etwas zustößt. Solche und ähnliche Helden leben im ganz normalen Alltag real gefährlich, ohne es zu registrieren.

Verlässliches Warnsignal

In der Psychotherapie hat es sich eingebürgert, zwischen rationalen und irrationalen Ängsten zu unterscheiden. Rationale Angst ist angebracht, wenn eine reale Gefahr droht. Läuft beispielsweise ein fremder Hund bellend auf Sie zu, ist Erschrecken sinnvoll und Vorsicht angebracht. Wichtig ist auch die Fähigkeit, Gefahren realistisch einzuschätzen. So sollte eine einzelne Person sich nicht heldenhaft mit vier Betrunkenen anlegen, die gerade eine Telefonzelle demolieren.

Die Angst zum Verbündeten machen

Menschen mit zu wenig Ängsten haben ebenso irrationale Gedanken wie Personen mit übertriebenen Ängsten. Fährt jemand auch bei hohem Tempo stets ohne Sicherheitsgurt Auto, so liegt diesem Verhalten der irrationale Gedanke zugrunde: »Mir ist noch nie etwas passiert, also ist es völlig in Ordnung, ohne Gurt zu fahren.« Je häufiger das leichtsinnige Handeln ohne negative Konsequenzen bleibt, desto mehr vertieft sich die irrationale Schlussfolgerung und wird zum – möglicherweise folgenschweren – automatischen Gedanken. Der statistische Einzelfall wird als unumstößlicher Regelfall erlebt.

Angst mit Augenmaß

Risiken sollten also nicht unbedacht eingegangen werden. Nehmen Sie Ihre Angstsignale ernst. Sie sind in diesen Momenten Ihr wichtigster Verbündeter und motivieren Sie zu wohl überlegtem Handeln. Nun könnte man diesen Ausführungen entnehmen, dass es richtig sei, nicht mehr in ein Flugzeug zu steigen, kein Auto mehr zu fahren und keinen Sport mehr zu treiben. Schließlich hat man ja schon oft von Unfällen in diesen Bereichen gehört. In diesem Zusammenhang ist es jedoch rational, die Wahrscheinlichkeit solcher Unfälle mit einzukalkulieren.

Risiken richtig einschätzen

Ist sie laut Statistik relativ gering, lohnt es sich vielleicht doch, ein Risiko einzugehen. Hier kommt nämlich ein wichtiger Faktor ins Spiel: Genauso gefährlich wie Leichtsinn kann es sein, aus einem übertriebenen Sicherheitsbedürfnis heraus am normalen Leben nicht mehr teilzunehmen. Diese Isolation geht auf Kosten der seelischen Gesundheit – und die ist ebenso wichtig wie körperliches Wohlbefinden. Erst Lebensfreude macht das Dasein lebenswert, und man erlangt sie nicht, wenn man nicht mehr auf die Straße geht. Ein erwachsener Mensch sollte akzeptieren, dass das Leben Risiken in sich birgt. Er sollte eine gesunde Balance zwischen Vorsicht und Wagnis anstreben. Ängste haben nur einen Sinn: den Schutz von Gesundheit und Leben. Sie sollten nicht das Leben erdrücken.

> Jeder Mensch braucht ab und zu einen Nervenkitzel, damit er das Gefühl hat, lebendig zu sein. Dazu gehört jedoch auch, dass man mit Unvorhersehbarem rechnet und so das Risiko in Grenzen hält.

Die häufigsten Angsterkrankungen

Angst hat viele Gesichter: Der eine fürchtet sich vor Menschenmassen, der andere bekommt Panik, wenn er auf einem hohen Gebäude steht.

Selbstverständlich haben Ängste bei jeder Person ein ganz individuelles Erscheinungsbild. Angst ist keine Krankheit wie Masern, bei der man genau vorhersagen kann, dass der Patient Symptome wie Fieber und rote Pusteln bekommt. In der Psychotherapie werden Angstprobleme in fünf große Gruppen eingeteilt. Es versteht sich von selbst, dass nicht jedes Angstschicksal in eine der vorgegebenen Schubladen passt. Die Kategorien können aber wichtige Hinweise auf das Angstmanagement geben, das im jeweiligen Fall am besten hilft.

Paniksyndrom und Agoraphobie

Ängste beruhen oft auf einer negativen Selbstbewertung oder auf einer subjektiv verzerrten Wahrnehmung von Situationen. Gegen diese Art von Angstproblemen kann man etwas tun.

Das Paniksyndrom ist der »Klassiker« unter den Angsterkrankungen. Schon Goethe und sogar Sigmund Freud sollen unter ihm gelitten haben. Es wird durch eine plötzlich einsetzende Angst gekennzeichnet, die die Betroffenen rational nicht erklären können. Die Panikattacke trifft sie in scheinbar friedlichen oder harmlosen Situationen wie beispielsweise beim Jogging oder bei einer Fahrt mit dem Bus. Der mit Herzklopfen und Schweißausbrüchen verbundene körperliche Aufruhr wird als extrem unangenehm erlebt und oft als Krankheitszeichen fehlgedeutet. Als Reaktion auf solche Erlebnisse meiden viele Betroffene die Orte, an denen sie die Angst überfiel. In solchen Fällen spricht man von »Agoraphobie«. Dieses Wort bedeutet nicht, wie man gemeinhin annimmt, dass jemand Angst vor offenen Plätzen hat. »Agora« bedeutet im Griechischen schlicht »Ort« oder »Platz«. Dieser Platz kann auch der Bus oder das Kaufhaus sein. Sinngemäß bedeutet das Wort »Agoraphobie«: »Angst vor der Stelle, an der es geschah«. Die Betroffenen befürchten, an diesem Ort zwangsläufig wieder von Panik übermannt zu werden. Indem sie ihn fortan meiden, schränken sie sich selbst zunehmend ein. Die Angst vor der Angst erhöht die unbewusste Angstbereitschaft, und dadurch wird es möglich, dass einen die Angst plötzlich auch an ganz anderen Orten überrascht. So bildet sich nach und nach ein geschlossener Angstkreislauf.

Konfrontation und Entspannung

Bei diesem Angstproblem sind Entspannungs- und Selbstberuhigungstechniken besonders wichtig. Erfolge bringen aber vor allem längere Konfrontationen mit der Angstsituation, bei denen man erlebt, wie die Angst ganz von allein wieder abebbt. Dieses Vorgehen nennt man in der Verhaltenstherapie Flooding. Bei schwer wiegenden Panikattacken sollte diese Behandlung in Anwesenheit eines erfahrenen Therapeuten durchgeführt werden. Bei leichteren Einschränkungen kann der Angstpatient die Situation auch mit einer Person seines Vertrauens durchstehen. Es ist nämlich äußerst heilsam und befreiend, bewusst zu erleben, wie der Körper sich in der zuvor angstbesetzten Umgebung von allein wieder beruhigt und alles plötzlich wieder friedlich wirkt. Übrigens soll der Überlieferung nach auch Goethe seine Höhenangst durch die Technik des bewussten Durchstehens (damals kannte man das Wort »Flooding« noch nicht) erfolgreich überwunden haben.

Für jedes Angstproblem gibt es unterschiedliche Möglichkeiten der Behandlung. Den Großteil der Arbeit müssen Sie jedoch selbst leisten: Selbsthilfe wird im Kampf gegen die Angst ganz groß geschrieben.

ÜBUNG Gespräch mit dem Vorfahren

Sollte diese Art von Angstzuständen Ihr Problem sein, dann ist die »Angstaufklärung« die wirksamste Behandlung. Rufen Sie sich im Ernstfall Ihren frühgeschichtlichen Vorfahren vor das innere Auge, und sprechen Sie ihn in Gedanken an: »Es ist nett von dir, dass du mir immer wieder diese große Kraft schickst, damit ich mich in Sicherheit bringen kann. Aber in der heutigen Zeit kann ich meine Probleme nicht mehr durch schnelles Laufen lösen – so wie du in deiner Welt. Es wäre nett, wenn du das nächste Mal etwas weniger ›Gas‹ gibst, wenn ich wieder etwas Aufregendes erlebe.« Pflegen Sie diesen mentalen Dialog auch in friedlichen Stunden.

Die häufigsten Angsterkrankungen

Generalisiertes Angstsyndrom

Wer unter generalisierter Angst leidet, hat nicht die Möglichkeit, dieser Angst durch Vermeidung bestimmter Situationen zu entfliehen. Die Betroffenen fühlen sich gereizt und sind ständig auf dem Sprung.

Menschen mit Paniksyndromen sind häufig wieder völlig angstfrei, wenn sie sich an »sicheren« Orten befinden. Anders ergeht es Menschen, die mit einer beständigen Ängstlichkeit leben. Ihr Problem sind nicht spektakuläre Angstanfälle, sondern sie spüren die Angst als ständigen Begleiter. Die Betroffenen machen sich permanent Sorgen – meist ohne einen rational nachvollziehbaren Anlass. Sie denken sich – oft mit viel Phantasie – mögliche Missgeschicke und Katastrophen aus. Diese Vorstellungen werden im »Kopfkino« in derart lebendige Bilder umgesetzt, dass sie reale körperliche Ängste auslösen. Ein kleines Stichwort genügt – und schon läuft im Kopf ein ganzer Film ab. So liest man in der Zeitung von einem Unglück und stellt sich sofort lebhaft vor, dass man es selbst erlebt. Die Angst bezieht sich nicht nur auf die eigene Person, sondern auch auf Verwandte, Freunde und sogar fremde Menschen. Den Betroffenen nützt ein »sicherer Ort« wenig – sie würden ihn doch nur aufsuchen, um dort ungestört ihre Angstgedanken zu entwickeln. Menschen mit diesen Problemen hilft vor allem ein gezieltes »Gedankenmanagement« mit dem Ziel, bewusst die Regie für die »Filme« im Kopf zu übernehmen.

Generalisierte Angst macht sich dadurch bemerkbar, dass jemand in ständiger unbegründeter Angst vor einer Katastrophe, vor einem Unfall oder vor einer Krankheit lebt.

Imaginäre Angstauslöser

ÜBUNG Die Angst klein denken

Wenn Sie dazu neigen, sich in eine Angstvorstellung »hineinzusteigern«, können Sie auch genauso gut wieder »hinaussteigen«. Legen Sie sich für diese Übung einen kleinen Gegenstand zurecht – z. B. eine Streichholzschachtel, ein leeres Wasserglas oder einen Würfel.

1 Denken Sie an Ihre Angstvorstellung, so wie Sie es sonst auch immer tun. Achten Sie auf eine gute »Bildqualität« Ihrer Gedanken.

2 Verkleinern Sie nun in Gedanken die jeweilige Szene, indem Sie sie in einen imaginären Fernseher mit winzigem Bildschirm packen. Sie sehen sich alles weiter an, aber die Vorstellung spielt sich jetzt in einer altmodischen »Flimmerkiste« ab. Das kleine Bildschirmformat des Fernsehers grenzt die Szene ein. Jetzt sind Sie aus dem Film, der nun losgekoppelt von Ihnen in einem Apparat läuft, »ausgestiegen«.

3 Nehmen Sie die Farbe aus den Bildern, und fügen Sie stattdessen den typischen Braunton alter Bilder und Filme hinzu. Vielleicht überdecken Sie alles noch mit einem transparenten Farbfilter: lila, blau oder grün. Spüren Sie dabei, bei welcher Imaginationstechnik sich das Angstgefühl am stärksten reduziert.

4 Lassen Sie die Szene wie in Charlie-Chaplin-Filmen schneller laufen, verzerren Sie den Ton zu einem Piepsen, und reduzieren Sie dann noch die Lautstärke auf ein Minimum. Sollten Ihnen die schnellen Bilder nicht zusagen, probieren Sie es mit der Zeitlupe.

5 Verkleinern Sie die Bilder nun noch weiter, bis Sie sie gedanklich in den vorbereiteten Gegenstand hineinpacken können – nun ist die Angstvorstellung wirklich »handlich« geworden. Manche Personen bevorzugen auch »Wegschickgegenstände« außerhalb des Raums, in dem sie sich gerade befinden, etwa ein Vogelhäuschen im Baum vor dem Fenster oder die Antenne auf dem Dach des Nachbarhauses.

Diese Übung hilft Ihnen dabei, sich immer wieder bewusst zu machen, dass es sich bei Ihren Angstvorstellungen nur um ausgedachte Szenen und keinesfalls um die Realität handelt. Je öfter Sie die Übung durchführen, desto eher gewöhnt sich Ihr Gehirn an eine automatische Verkleinerung von Angstvorstellungen.

Vor allem die eigenen Gedanken sind es, die die Angst aufrechterhalten. Wenn sich negative Gedanken einschleichen, können Sie sie unterbrechen, indem Sie sich ablenken oder sich diese Gedanken selbst verbieten.

Die häufigsten Angsterkrankungen

Spezifische Phobien

Bei dieser Angstform haben Menschen vor ganz bestimmten Dingen Angst. Die Symptome treten nur dann auf, wenn diese Auslöser auch tatsächlich in Sicht- oder Reichweite sind. Im Gegensatz zu Patienten mit Paniksyndrom können die Betroffenen ihre Angstreaktionen genau voraussagen – sie werden in der Regel nicht aus heiterem Himmel davon überrascht. So wissen sie ganz genau, dass die Angst beispielsweise beim Anblick von Spinnen oder Vögeln auftritt, oder dass sie beim Besteigen eines hohen Gebäudes Probleme bekommen könnten.

Bewusste Auseinandersetzung mit Fakten

Bei einigen spezifischen Phobien – wie z. B. bei der Tierphobie – spielt für die Angstreduktion die bewusste Auseinandersetzung mit den realen Fakten eine entscheidende Rolle. Das Angstempfindung vieler Betroffener kann allein schon dadurch relativiert werden, dass sie sich Bücher über die vermeintlichen Problemtiere kaufen und diese aufmerksam lesen. So erfuhr eine Klientin mit einer Schlangenphobie, dass sich weltweit die meisten Schlangenunfälle gar nicht in der Natur, sondern bei der Haltung in Privatterrarien ereignen. Das verringerte ihre Angst wesentlich.

Gebundenheit an bestimmte Situationen

Viele Menschen mit spezifischen Phobien können ein ganz normales, angstfreies Leben führen, wenn ihre Angstauslöser weit entfernt sind. Jemand, der an Höhenangst leidet, bekommt nur dann ernsthafte Probleme, wenn sein Job es verlangt, regelmäßig zu fliegen. Ansonsten kann er sein Leben auch ganz angenehm um die Höhen herum organisieren – falls die Familie mitspielt und sich kein heftiges Fernweh aufbaut. Hier entscheidet wieder das Einzelschicksal, ob die Phobie unerträgliche Ausmaße erreicht oder nicht. Am besten lassen sich diese Ängste mit einem kombinierten Programm aus Entspannungsübungen, rationaler Aufklärung und Konfrontation behandeln.

Unter Phobien versteht man Angstzustände, die auftreten, wenn man mit bestimmten Dingen oder Situationen konfrontiert wird. Die Betroffenen versuchen in der Regel, ihrem speziellen Angstauslöser aus dem Weg zu gehen.

Sozialphobien

Bei dieser Angststörung ist der Auslöser der Kontakt mit den Mitmenschen. Sozialphobiker haben ständig Angst davor, im Zusammensein mit anderen Personen ein schlechtes Bild abzugeben. Vor diesem Hintergrund beschäftigen sich diese Menschen übermäßig mit sich selbst. Sie haben in Gedanken ständig eine »kritische Kamera« neben sich aufgestellt, wenn sie mit anderen Menschen zusammen sind. Ein innerer Kommentator moderiert und beurteilt wie ein Reporter jede Geste, jedes Wort, jeden Gesichtsausdruck der eigenen Person. Diese Nabelschau löst einen erheblichen Stress aus, der die generelle Angstbereitschaft noch weiter erhöht. Die Folge ist dann oft sozialer Rückzug, wodurch das Problem sich nur verschlimmert. Die Entwöhnung von sozialen Kontakten führt wegen mangelnder Übung nur zu immer stärkerer Verunsicherung auf dem »sozialen Parkett«. Menschen mit Sozialphobien müssen vor allem lernen, ihren Perfektionismus und die überhöhten Ansprüche an sich selbst abzulegen oder zu mildern.

Erbe aus der Jugendzeit

Abschließend sei noch erwähnt, dass Sozialphobien ihren Ursprung oft in der Pubertät haben – einer Phase, in der Jugendliche sich emotional von ihrer Familie ablösen und einen engeren Kontakt zu Gleichaltrigen – der so genannten Peergroup – suchen. Von den Erwachsenen wird oft unterschätzt, mit welchen seelischen Belastungen diese Phase einhergehen kann. Besonders Teenager können ganz entsetzlich darunter leiden, wenn ihnen die Aufnahme in Gleichaltrigengruppen nicht gelingt – zumal die für diese Phase typische »Cliquenwirtschaft« manchmal auch mit Mitteln der sozialen Ausgrenzung arbeitet. Dabei können sich Szenen seelischer Grausamkeit abspielen, die in ihren Auswirkungen auf die Psyche durchaus dem »Mobbing« im Erwachsenenleben vergleichbar sind. Eltern und Lehrer sollten diese Prozesse daher aufmerksam beobachten und den Jugendlichen immer wieder unverbindlich Gespräche anbieten, damit diese sich im Bedarfsfall entlasten können.

Bei sozialen Ängsten steht die Furcht vor einer negativen Bewertung durch andere im Vordergrund. Die Betroffenen meiden den Kontakt mit anderen Menschen – vor allem mit Unbekannten – und ziehen sich in ihre vier Wände zurück.

Posttraumatische Belastungsstörungen

Bei dieser Störung haben Menschen ein schlimmes Erlebnis nicht verkraftet. Dabei kann es sich um ein Erdbeben, ein Zugunglück, den plötzlichen Tod eines geliebten Menschen, eine Gewalttat oder ein sonstiges katastrophales Ereignis handeln. Hier heilt eben nicht die »Zeit alle Wunden«, sondern die Erinnerung an das schreckliche Erlebnis bleibt auch nach Monaten oder gar Jahren noch so lebendig, als sei es gerade gestern passiert. Ängste treten vor allem auf, wenn bestimmte Situationen an »damals« erinnern. Viele Betroffene sind allein schon von der Tatsache, dass ihnen etwas so Furchtbares zustoßen konnte, tief erschüttert. Ihr Weltbild ist völlig aus den Fugen geraten.

Es hat sich herausgestellt, dass diese Gruppe von Angstpatienten nicht mit so genannten Konfrontationstechniken behandelt werden sollte. Diese Fälle gehören einzig und allein in die Hände von speziell ausgebildeten Psychotherapeuten für Traumabehandlung. Auf Seite 95 finden Sie entsprechende Adressen.

Welche Menschen haben Angst?

Da Ängste zu unseren angeborenen Programmen zählen, ist es nicht verwunderlich, dass Menschen aller Kulturen Angstprobleme kennen. In den westlichen Industrienationen sind Angststörungen jedoch besonders weit verbreitet. Sie kommen in allen Altersgruppen noch viel häufiger vor als Depressionen.

Bei den Männern rangiert nur das Abhängigkeitsproblem noch vor den Angstsyndromen. Wahrscheinlich haben sie ebenso viele Ängste wie Frauen – aber Männer neigen eher dazu, ihre Angst mit Tabletten oder Alkohol zu unterdrücken. Sie verdrängen diese Gefühle, weil sie nicht in das gängige männliche Rollenbild passen. Untersuchungen zeigen, dass in den westlichen Industriestaaten mindestens jede zehnte Person im Lauf ihres Lebens irgendwann einmal unter Ängsten leidet – wenn man auch einmalige Panikanfälle in die Rechnung einbezieht.

Viele Menschen versuchen, ihre Ängste zu betäuben. Aber Alkohol, Drogen und Medikamente sind kein Ausweg: Sie belasten den Körper nur zusätzlich, und die Verdrängung von Problemen führt dazu, dass der Stress sich noch verstärkt.

Am Rande der Erschöpfung

Man kann nicht sagen, dass nur ängstlich veranlagte Menschen Ängste bekommen – so seltsam sich das anhören mag. Sehr oft werden gerade Personen, die sich selbst als außerordentlich stabil einschätzen, von Ängsten überrascht. Hier entsteht dann vor allem das Problem, dass »man das nie von sich gedacht hätte«. Das kann so weit gehen, dass die Betroffenen sich für ihre Symptome sogar schämen. Dabei kann man sehr gut erklären, warum gerade die scheinbar »Unverwüstlichen« plötzlich von der Angst wie vom Blitz getroffen werden. Menschen mit scheinbar unerschöpflichen Kraftquellen neigen dazu, sich permanent zu überfordern. Sie bewegen sich allzu oft am Rande ihrer Energiereserven – ohne es zu merken. Diese nicht rechtzeitig erkannten Erschöpfungszustände sind dann der ideale Nährboden für Ängste.

ÜBUNG   Das Wohlgefühl pflegen

Gewöhnen Sie sich an, mindestens einmal pro Stunde für jeweils zwei Minuten an Ihr eigenes Wohlergehen zu denken. Tanken Sie dabei mit allen Sinnen neue Energie auf:

- Sehen

Richten Sie den Blick auf einen schönen Gegenstand – und sei es nur eine Büroklammer, deren intensive blaue Farbe Sie an das Meer erinnert.

- Hören

Singen oder summen Sie ein paar Takte Ihres Lieblingslieds.

- Fühlen

Spüren Sie in Ihren Körper hinein: Gibt es irgendwo eine Verspannung? Oder sind Sie »in sich zusammengesackt«? Dehnen und recken Sie sich, lockern Sie dann bewusst die Muskeln – vor allem im Bereich der Kiefer, der Stirn, des Nackens und der Schultern.

- Riechen und Schmecken

Riechen Sie an einer frischen Blume oder an Ihrem Lieblingsparfüm. Essen Sie eine Kleinigkeit. Nehmen Sie viel Flüssigkeit zu sich – regelmäßiges Wassertrinken erfrischt das Nervensystem.

Körperliche Erschöpfung und innere Anspannung begünstigen das Auftreten von Angst und rufen auch gesundheitliche Probleme hervor. Der Stress kann jedoch abgebaut werden, indem man sich – möglichst mehrmals täglich – kurzzeitig entspannt.

Wegbereiter für die Angst

Eine ungesunde Lebensweise in belastenden Situationen und das Verdrängen von Problemen begünstigt das Auftreten von Angst.

Im vorigen Kapitel haben Sie bereits gelesen, dass es nicht zwingend notwendig ist, den Auslöser für die eigenen Ängste zu finden. Dies gilt vorwiegend für direkte Sinnesreize, etwa für ein Körpergefühl oder einen angstauslösenden Geruch. Abgesehen von sinnesspezifischen Angstauslösern gibt es jedoch auch so etwas wie die generelle Angstbereitschaft eines Menschen. Hier ist es dann sehr wohl vorteilhaft, den psychischen Hintergrund von Ängsten zu bestimmen, denn eigentlich ist dieser der maßgebliche Nährboden für übermäßige Angst.

Unterschiedliche Angstbereitschaft

Um sich mit der Dynamik einer hohen Angstbereitschaft vertraut zu machen, vergleichen Sie einmal die beiden folgenden Situationen.

● 1. Situation

Ein Mann betritt ein ihm unbekanntes Haus. Die Einrichtung gefällt ihm sehr gut. Es herrscht eine gemütliche Wohnatmosphäre. Er wandelt durch alle Räume und bleibt tief durchatmend stehen, wenn ihm ein Einrichtungsgegenstand besonders gut gefällt. Da huscht ihm eine Katze vor die Füße. Er bekommt zunächst einen kleinen Schreck. Dann lacht er laut und sagt zu sich: »Natürlich, das ist ja Miezi, die Katze des Hauses!« Er vergisst den Vorfall und setzt die Besichtigung fort.

● 2. Situation

Ein Mann betritt ein ihm unbekanntes Haus. Die Einrichtung gefällt ihm sehr gut. Es herrscht eine gemütliche Wohnatmosphäre. Dieser Mann ist ein Einbrecher – allerdings ist er Anfänger. Seine Nerven sind zum Zerreißen gespannt, weil er Angst hat, entdeckt zu werden. Aber er hat Glück:

Übersteigerte Angst hat verschiedene Ursachen: Sowohl die Lebenssituation eines Menschen, seine Grundeinstellung, seine körperliche Verfassung als auch sein Erleben können auslösende Faktoren sein.

Das Haus scheint tatsächlich leer zu sein. Mit klopfendem Herzen schleicht er von Raum zu Raum und sammelt die schönsten Stücke ein. Da huscht ihm eine Katze vor die Füße. Er schreit auf, greift sich ans Herz und gebärdet sich, als hätte es Graf Dracula persönlich auf ihn abgesehen. Völlig kopflos rast er aus dem Haus und vergisst sogar seine Beute.

... und das Kätzchen wird zu Dracula

In der Fachsprache würde man sagen, dass der Mann in der zweiten Situation ein höheres »Arousal« hatte: Er brachte bei der Begegnung mit der Katze schon ein erhöhtes Ausgangserregungsniveau mit. Erst diese hohe Erregungsbereitschaft sorgte dafür, dass ihm das harmlose Tierchen wie ein Monster erschien. Der Mann in der ersten Situation hatte hingegen ein ausgeglichenes Ausgangserregungsniveau und kam deswegen mit einem kleinen Schrecken davon, den er schnell überstand. Diese unterschiedlichen Empfindlichkeiten für Außenreize werden ebenfalls vom limbischen System gesteuert. Ein niedriges Arousal bewirkt, dass Menschen sich zwar erschrecken oder sorgen, dass sich diese Gefühle aber im Rahmen halten und schnell wieder abflachen. Erst ab einem gewissen Ausgangserregungsgrad kann ein Angstreiz zu unerträglichen Zuständen führen, die man dann subjektiv als überwältigend erlebt.

Auf dieses Zusammenspiel zwischen Ausgangserregungsniveau und die durch einen Reiz verursachte Angststärke wird ab sofort öfter hingewiesen. Sie lesen dann immer den Satz: »... und das Kätzchen wird zu Dracula«. Dann wissen Sie, welcher Effekt gemeint ist.

Ein hohes Arousal verstärkt die Angstneigung

Die hier geschilderte unglückliche Verknüpfung von Arousal und Reiz kann auch in Gedanken erfolgen. So gibt es eine ganze Reihe von Menschen, die sich permanent Sorgen um ihre Lieben machen. Kommen das Kind oder der Partner verspätet nach Hause, stellen sich sorgenvolle Gedanken und manchmal auch das Horrorszenario eines Unfalls ein. Bei Menschen mit einem ausgeglichenen Arousal löst diese Vorstellung zwar

Viele Angstprobleme treten erstmals in stressbeladenen Phasen auf: Ein hohes Stressniveau führt dazu, dass hinzukommende Belastungen stärker wahrgenommen werden und Angst auftreten kann.

Unbehagen aus, aber nicht in so starkem Maß, dass der Gedanke sie »frisst«. Es bleibt noch genug mentale Kraft für gegenlenkende, beruhigende Gedanken. Bei einem überhöhten Grunderregungsniveau, bei dem das Nervensystem ohnehin schon chronisch »unter Strom« steht, wird der sorgenvolle Gedanke zum Tropfen, der das Angstfass zum Überlaufen bringt ... und das Kätzchen wird zu Dracula.

> Wer psychisch unter Druck steht, ist reizbar und reagiert schon auf kleinste Belastungen mit starker Erregung. Als Folge einer solchen Situation kann es erstmals zu einer Überreaktion kommen.

Erkenntnisse aus der Forschung

Die Schmerzforschung hat in den letzten Jahren interessante Erkenntnisse über ein erhöhtes Erregungsniveau geliefert. Mit Hilfe von bildgebenden Verfahren kann man heutzutage genau beobachten, welche Gehirnbereiche bei bestimmten Tätigkeiten oder Zuständen mit Aktivität reagieren. Beim Schmerzerleben lässt sich da beispielsweise kein hochaktives Schmerzzentrum feststellen, wie man ursprünglich vermutete. Zur Überraschung der Forscher sorgen Schmerzen für eine hohe Aktivierung im gesamten Gehirn, nicht nur im Bereich des Fühlens, sondern auch im Seh- oder Hörzentrum. Das ist auch der Grund dafür, warum man bei Schmerzen besonders licht- und geräuschempfindlich ist. Ein harmloses Klopfen wirkt dann wie ein unerträgliches Dröhnen, ein kleiner Lichtstrahl wie der direkte Blick in die Sonne usw. Diese Ergebnisse lassen sich auch auf die Angstbereitschaft übertragen. Alle Sinneszentren sind hochsensibel und »vergrößern« jeden Reiz wie eine mentale Riesenlupe. Diese Beobachtungen aus dem Schmerzerleben lassen sich auf das Angsterleben eines Menschen übertragen.

Das Erregungsniveau herabsetzen

Eine zu hohe Angstbereitschaft durch ein überhöhtes Ausgangserregungsniveau kann ganz unterschiedliche Gründe haben. Finden Sie für sich selbst heraus, ob es in Ihrem Leben vielleicht einen Umstand gibt, der Ihr Nervensystem unnötig »unter Strom« setzt und nicht zur wohlverdienten Ruhe kommen lässt. Die späteren Übungen sind dann teilweise gezielt auf diese Bereiche zugeschnitten.

Länger andauernde Stressphasen

Dauerstress mindert den Arbeitserfolg und lässt die inneren Kraftquellen versiegen. Man sollte daher in Stressphasen regelmäßig entspannen, damit sich der Körper regenerieren kann.

Überforderung und Erschöpfung

Der permanente Ausverkauf der Kraftreserven wird bei immer mehr Menschen zum ernsthaften Problem: Überstunden, Schichtarbeit, Doppelbelastungen und existenzielle Sorgen fordern ihren Tribut, und auch stundenlanges Hungern (aus Nachlässigkeit oder der Schönheit zuliebe) kann verhindern, dass sich das Nervensystem in einem natürlichen Rhythmus immer wieder erholen kann. Diese Erholungsphasen müssen jedoch in regelmäßigen Abständen – und vor allem nach jeder Anspannung – eintreten, um wirklich positiv zu wirken.

Stellen Sie sich einmal vor, jemand schenkt Ihnen eine hübsche Zimmerpflanze mit den Worten: »Diese Pflanze braucht einmal täglich Wasser«. Dabei könnten Sie auf den folgenden Gedanken kommen: »Ach was, ich gebe der Pflanze einmal im Monat zehn Liter, das kommt aufs Gleiche hinaus.« Ähnlich verkalkulieren sich Menschen, die sich bei dauerhafter Belastung sagen: »Später, wenn ich Urlaub habe oder im Ruhestand bin, dann entspanne ich mal so richtig.« Sie vergessen die tägliche Pflege ihres Wohlgefühls und ihrer Gesundheit.

Körper und Seele brauchen regelmäßig kurze Ruhephasen, um gesund zu bleiben. Gezielte Entspannung hilft auch dabei, besser mit Angstsituationen fertig zu werden.

Auch positiver Stress kostet Nerven

Nun glauben viele Menschen, dass sie keine Erholungsphasen benötigen. Sie fühlen sich ausgefüllt und glücklich mit ihrer Aufgabe und leben nach dem Motto »Was Spaß macht, kann nicht schaden.« Leider stimmt das nicht so ganz. Der Organismus braucht regelmäßige Entspannungsphasen, um sich zu regenerieren. Ist dies über einen längeren Zeitraum hin nicht der Fall, baut sich die Anspannungserregung nicht mehr von allein ab. Die Folge ist ein stufenweiser Anstieg des Ausgangserregungsniveaus. Erlebnisse, die man früher »locker weggesteckt« hat, können dann plötzlich überwältigend auf das Gemüt wirken.

Angst durch Überanstrengung

Auf dieser Grundlage haben sich übrigens schon viele Menschen eine Höhenangst eingehandelt. Man besteigt z. B. untrainiert einen Aussichtsturm oder einen Berg. Kurz vor dem Erreichen des Ziels ist man natürlich am Rande der Erschöpfung: Die Knie zittern, der Atem geht keuchend, man schwitzt. Das Ausgangserregungsniveau ist durch die Überanstrengung gestiegen. In diesem empfindlichen Zustand sieht das Auge plötzlich in unendliche Tiefen ... und das Kätzchen wird zu Dracula. Der kleine Schreck puscht das ohnehin schon heraufgesetzte Erregungsniveau über die »Angstschallgrenze«: Die Höhenangst ist geboren.

Die eigene Lebensweise kritisch überprüfen

Es würde den Rahmen dieses Buchs sprengen, an dieser Stelle Vorschläge für eine ausgeglichenere Lebensführung zu machen. Jeder muss selbst herausfinden, mit was er sich vielleicht chronisch überfordert. Hier liegen dann auch die Grenzen eines erfolgreichen Angstmanagements: Kein noch so effektives Training kann verhindern, dass man beispielsweise bei einem 16-Stunden-Tag irgendwann an seine Grenzen gelangt. Wem es jedoch gelingt, eine vorhandene Überlastung eigenverantwortlich zu begrenzen, der hat schon viel gegen die Angst getan.

Wer unter Angstzuständen leidet, sollte eine Entspannungstechnik lernen und regelmäßig ausüben. Planen Sie täglich mindestens 15 Minuten für Erholungspausen ein.

Die persönliche Lerngeschichte

Viele Menschen werden durch übervorsichtige Eltern zu übertriebener Ängstlichkeit erzogen. Kinder sollten immer wieder dazu ermutigt werden, etwas zu wagen oder gegen ihre Ängste anzugehen – das nennt man in der Fachsprache Angstimpfung. Stattdessen sagen Eltern viel zu häufig: »Mach das lieber nicht – es könnte etwas passieren!« Sie selbst wissen sicher am besten, ob Ihre Eltern Ihnen beigebracht haben, aktiv auf das Leben zuzugehen oder eher vorsichtig zu sein.

Auf sich selbst vertrauen

Die Erziehung ist häufig auch dafür verantwortlich, wenn Menschen übertriebenen Wert auf die Meinung anderer legen: »Was sollen nur die Nachbarn denken«, ist ein Satz, den wohl fast jeder aus seiner Kindheit kennt. Sicherlich muss ein Kind soziales Fingerspitzengefühl bekommen, um sich später im Leben zurechtzufinden – dennoch darf die Meinung der anderen nicht als höchster Maßstab gelten. Eine solche Einstellung birgt nämlich die Gefahr einer späteren Sozialphobie: Man vertraut nicht mehr den eigenen Gedanken und Gefühlen, sondern fragt sich zwanghaft, wie man wohl auf andere wirkt.

> Auch ein übervorsichtiges Verhalten der Eltern kann zu Ängsten führen: Manche Kinder lernen nicht, Angst durchzustehen, weil ihre Eltern sie auf übertriebene Weise beschützen.

ÜBUNG   Die Perspektive des Erwachsenen

Stellen Sie sich einmal vor, Sie hätten einem Regisseur die Geschichte Ihrer Kindheit erzählt. Der Regisseur findet den Stoff so interessant, dass er ihn zu einer kleinen Familienserie verfilmt. Die Schauspieler sind gut ausgewählt, der Film ist in Schwarz-weiß gedreht, um zu zeigen, dass er in einer früheren Zeit spielt. Sie sitzen als Erwachsener vor dem kleinen Fernseher, haben die Fernbedienung in der Hand und betrachten sich aus dieser Perspektive die Szenen von damals. Dabei sehen Sie sich selbst als Kind oder Jugendlicher. Spüren Sie in sich hinein, wie Sie als Zuschauer diese Szenen empfinden. Auf diese Weise erhalten Sie aus einer objektiven Sicht wertvolle Informationen über Ihre Lerngeschichte.

Das Vorbild der Eltern

In manchen Fällen haben die Eltern ihr Kind gar nicht durch explizit geäußerte Ängste und Vorbehalte gebremst und haben dennoch unwissentlich zur späteren Angstbereitschaft beigetragen. Dies ist dann der Fall, wenn die Eltern selbst überdurchschnittlich ängstlich waren und die Tendenz hatten, kein Risiko einzugehen. Kinder werden durch ängstliche Elternvorbilder verunsichert und rutschen manchmal als Erwachsene unbewusst in die ihnen vorgelebte Rolle hinein.

Angst kann auch durch das unbewusste Nachahmen von Vorbildern erworben werden. Manchmal leben die Eltern oder andere nahe stehende Personen Ängste vor, die schließlich übernommen werden.

»Schutzimpfung« gegen die Angst

Umgekehrt gibt es aber auch Eltern, die ihre Kinder in Angstsituationen überfordern. Es ist nämlich sehr wichtig, dass Mut immer wieder belohnt wird und dass ein Kind stolz auf seine kleine Heldentaten sein kann. Hält die Angstsituation zu lange an, ohne irgendwann einen glücklichen Ausgang zu finden, kann sich im Gedächtnis eine »Angstspur« eingraben. Das geschieht beispielsweise, wenn Kinder zu früh abends allein zu Hause gelassen werden und sich dann stundenlang mit ihren Angstphantasien quälen müssen. Bei der »Angstimpfung« ist also immer das Happyend von entscheidender Bedeutung.

Angstimpfungen für Kinder

Aktivitäten, mit denen Kinder langfristig ihre Angstbereitschaft reduzieren können, sind beispielsweise:

- Sportarten wie Turnen oder Klettern, die eine gewisse Selbstüberwindung erfordern
- Kirmesbesuche mit altersgerechten Geisterbahn- oder Achterbahnfahrten
- Spiele wie »Vom Beckenrand ins Schwimmbecken springen und Papi fängt einen auf«
- Märchen und Erzählungen mit einem gut erkennbaren Spannungsbogen, der mit einem Happyend schließt

...und wenn sie nicht gestorben sind...

Ideal für eine erfolgreiche Angstimpfung im Kindesalter sind die klassischen Gebrüder-Grimm-Märchen, deren »Grausamkeit« früher oft kritisiert wurde. Psychologische Untersuchungen haben jedoch ergeben, dass der »Angstteil« im Spannungsbogen der Märchen durchaus positive Auswirkungen auf die kindliche Psyche hat. Zuerst glaubt das Kind, die Spannung kaum noch aushalten zu können, dann nimmt die Geschichte plötzlich eine glückliche Wendung, die in dem Satz »und sie lebten glücklich und zufrieden bis an ihr Lebensende« gipfelt. Offensichtlich wird die Psyche durch diese Märchenstruktur darauf trainiert, nach einem Anstieg des Grunderregungsniveaus wieder die Entspannung zu suchen.

Übertriebener Perfektionismus

Erfolg und soziales Ansehen spielen in unserer Gesellschaft eine große Rolle. Bei vielen rangieren diese Werte noch über der Lebensfreude. Viele Menschen haben Idealvorstellungen von ihrer gesellschaftlichen Stellung, die gar nicht realisierbar sind. Wünscht man sich z. B., bei allen Mitmenschen beliebt zu sein, ist ein lebenslanger Stress schon vorprogrammiert: Diesen Zustand kann man gar nicht erreichen. Es ist für den Seelenfrieden viel zuträglicher, sich damit abzufinden, dass Menschen eben unterschiedliche Geschmäcker haben, und dass andere ebenfalls ein Recht darauf haben, einen nicht zu mögen.

Unerfüllbare Ansprüche

Auch im Arbeitsalltag nehmen sich viele Menschen Dinge vor, die sie einfach nicht leisten können: sei es der vorbildlich geführte Haushalt oder der in allen Punkten abgehakte Terminkalender am Feierabend. Wer sich ständig Dinge vornimmt, die eigentlich nicht zu schaffen sind, riskiert ein permanent erhöhtes Arousal. Da man nie ein Erfolgserlebnis hat, fühlt man sich auch nie ganz zufrieden.

Wenn Sie Angstprobleme haben, schauen Sie sich möglichst nur Filme an, die ein Happyend haben. Die Filme dürfen zwar spannend sein, die Anspannung sollte sich aber am Ende in spürbare Erleichterung auflösen.

Fehler sind erlaubt

Konzentrieren Sie sich auf Ziele, die Sie auch tatsächlich aus eigener Kraft erreichen können. Es ist wichtig zu akzeptieren, dass Menschen eben Fehler machen – und dies auch dürfen –, und dass jeder von Zeit zu Zeit einen schlechten Tag haben kann. Vermeiden Sie es, sich ständig mit anderen Menschen zu vergleichen, die angeblich viel erfolgreicher, leistungsfähiger oder beliebter sind als Sie selbst. Diese Sichtweise raubt Ihnen die Fähigkeit, Ihre eigenen positiven Eigenschaften wertzuschätzen.

Soziale Spannungsfelder

Wer nie gelernt hat, seine Position zu vertreten und sich mit anderen Menchen auseinander zu setzen, kann eher eine Angststörung entwickeln als jemand, der im Umgang mit anderen souverän und sicher ist.

Sie entstehen, wenn zwischenmenschliche Beziehungen zum täglich wiederkehrenden Alptraum werden. Meist ist dies der Fall, wenn zwei oder mehr Menschen sich gegenseitig einfach »nicht riechen« können und dabei durch äußere Umstände gezwungen sind, einen großen Teil ihrer Zeit gemeinsam zu verbringen. Im Folgenden finden Sie einige Beispiele für solche Konstellationen.

- Man versteht sich nicht mit dem Vorgesetzten
- Man erleidet permanentes Kollegenmobbing
- Man lebt mit den ungeliebten Schwiegereltern unter einem Dach
- Man lebt in Dauerstreit mit den Nachbarn
- Man führt eine Ehe, die seit Jahren kriselt und die nur noch durch gemeinsame Verpflichtungen wie ein hypothekenbelastetes Haus oder gemeinsame Kinder zusammengehalten wird

Aktiv das Leben ändern

Solche festgefahrenen Lebenssituationen bewirken bei den meisten Betroffenen ein permanent erhöhtes Ausgangserregungsniveau. Daher erlebt man es nicht selten, dass Angstprobleme wie von selbst verschwinden, wenn es Menschen gelingt, sich aus diesen sozialen Spannungsfeldern zu befreien: sei es durch ein neu gewonnenes Durchsetzungsvermögen oder sogar durch eine aktive Neugestaltung des Lebens zugunsten der persönlichen Freiheit. Oft ist dieses Problem ebenfalls mit einem übertriebenen Perfektionsdenken verknüpft: Man befreit sich nicht aus der kräftezehrenden Situation, weil man es jedem recht machen will und den völlig unrealistischen Wunsch hat, von allen geliebt zu werden.

Die Schwierigkeit, es allen recht zu machen

Ein Vater zog mit seinem Sohn und einem Esel in der Mittagsglut durch die staubigen Gassen von Keshan. Der Vater saß auf dem Esel, den der Junge führte. »Der arme Junge«, sagte da ein Vorübergehender. »Seine kurzen Beinchen versuchen mit dem Tempo des Esels Schritt zu halten. Wie kann man so faul auf dem Esel herumsitzen, wenn man sieht, dass das kleine Kind sich müde läuft.« Der Vater nahm sich dies zu Herzen, stieg hinter der nächsten Ecke ab und ließ den Jungen aufsitzen. Gar nicht lange dauerte es, da erhob schon wieder ein Vorübergehender seine Stimme: »So eine Unverschämtheit. Sitzt doch der kleine Bengel wie ein Sultan auf dem Esel, während sein armer, alter Vater nebenher läuft.« Dies schmerzte den Jungen und er bat den Vater, sich hinter ihn auf den Esel zu setzen. »Hat man so etwas schon gesehen?« keifte eine schleierverhangene Frau, »solche Tierquälerei! Dem armen Esel hängt der Rücken durch, und der alte und der junge Nichtsnutz ruhen sich auf ihm aus, als wäre er ein Diwan, die arme Kreatur!« Die Gescholtenen schauten sich an und stiegen beide, ohne ein Wort zu sagen, vom Esel herunter. Kaum waren sie wenige Schritte neben dem Tier hergegangen, machte sich ein Fremder über sie lustig: »So dumm möchte ich nicht sein. Wozu führt ihr denn den Esel spazieren, wenn er nichts leistet, euch keinen Nutzen bringt und noch nicht einmal einen von euch trägt?« Der Vater schob dem Esel eine Hand voll Stroh ins Maul und legte seine Hand auf die Schulter seines Sohns. »Gleichgültig, was wir machen«, sagte er, »es findet sich doch jemand, der damit nicht einverstanden ist. Ich glaube, wir müssen selbst wissen, was wir für richtig halten.« (Nossrat Peseschkian, Quelle Seite 95)

Oft haben so genannte therapeutische Metaphern eine heilsame Wirkung auf Ängste. So kann auch die Geschichte von Vater, Sohn und dem Esel dabei helfen, sich von anderen abzugrenzen.

Angst als Vermeidungsverhalten

So unangenehm Ängste auch sein mögen – oft haben sie positive Auswirkungen, die einem selbst nicht bewusst sind. So litt eine Frau schon seit Jahren unter dem Urlaubsverhalten ihres Mannes. Er plante stets anstrengende Besichtigungsreisen in ferne Länder. Sie selbst war jedoch ein ausgesprochener Genussmensch, der sich viel lieber auf dem Liegestuhl in der Sonne aalte, stundenlang las und viel schlief. Die Frau hatte sich mit ihren Vorstellungen jedoch noch nie nachdrücklich bei ihrem Mann durchgesetzt – aus Angst vor Streit. Plötzlich entwickelte sie auf einer der Reisen eine Höhenangst – und konnte fortan »leider« nicht mehr mitfliegen – geschweige denn Besichtigungstouren zu besonders schönen – und oft hoch gelegenen – Aussichtspunkten mitmachen.

Hilfeschrei der Seele

Manchmal drückt die Angst etwas aus, was Menschen mit Worten nicht sagen können. Sie liefert gute Gründe, um einer ungeliebten Situation zu entgehen oder um Aufmerksamkeit zu bekommen, wo sonst Gleichgültigkeit herrscht. Einige Angstpatienten erleben Beachtung oder auch Schonung durch ihre Angehörigen, die sie sonst vielleicht vermissen – meist ohne es sich einzugestehen. Natürlich wäre es hier viel gesünder, seiner Umwelt mitzuteilen, wo Wünsche offen bleiben, und auch einmal selbstbewusst etwas einzufordern. Aber hinter dem Vermeidungsverhalten steckt oft eine Sozialphobie: Man befürchtet, die Welt würde untergehen, wenn es zu einem Streit mit den Mitmenschen kommt.

Wer statt dieser Sozialphobie dann nur die Höhenangst behandelt, hat erst die Hälfte der Arbeit geleistet. Erstellen Sie doch einmal probehalber eine Liste, die die Konsequenzen Ihrer Ängste festhält.

- An welchen Freizeitaktivitäten kann ich nicht teilnehmen?
- Wo bin ich in meiner Berufstätigkeit eingeschränkt?
- Wie reagieren meine Mitmenschen auf mein Angstproblem?
- Gibt es etwas, vor dem ich mich selbst verschone oder das ich mir umgekehrt dadurch verschaffe, dass ich Ängste habe?

Eine Angststörung kann für Personen, die unter starkem Stress stehen, durchaus auch von Vorteil sein, weil sie einen davor bewahrt, bestimmte Dinge erledigen und bestimmte Situationen bewältigen zu müssen.

Von der Angst profitieren?

Natürlich haben Sie bisher immer nur wahrgenommen, welche Nachteile Ihre Ängste für Sie haben. Wechseln Sie nun einmal den Blickwinkel, und fragen Sie sich: »Haben meine Ängste vielleicht in irgendeiner Hinsicht eine positive Wirkung auf meine seelische Balance?«
Sollten Sie einen Pluspunkt entdecken, dann bedanken Sie sich innerlich bei Ihrer Angst. Denn hier versucht Ihr Unbewusstes etwas für Sie zu regeln, was Ihnen bewusst bisher noch nicht gelang. Bedenken Sie, dass Angst von der Natur ursprünglich als Schutzmechanismus entwickelt wurde. Nehmen Sie Ihre Entdeckung ernst, und fragen Sie sich, wie Sie diesen Lebensumstand aktiv beeinflussen können, ohne dass Ihnen die Angst weiter dabei helfen muss. Bedenken Sie dabei, dass Vermeiden oft ein gesünderes Verhalten ist als übertriebene Tapferkeit. Würdigen Sie auch einmal Ihre vielleicht unbewussten Wünsche, anderen Menschen nahe zu sein, oder Ihr Bedürfnis nach Beachtung. Werten Sie also Ihre Angst als Chance für eine bessere Lebensqualität.

Reizüberflutung

Wir Menschen sind mit fünf Sinnen ausgestattet: Sehen, Hören, Fühlen, Riechen und Schmecken. Heutzutage werden unsere Sinnesorgane oft überfüttert: sei es durch das ewig laufende Radio, durch stetigen Verkehrslärm, durch eine visuelle Flut an Bildern in den Medien und durch ein Überangebot an Nahrungsmitteln auf Schritt und Tritt. Dieses Zuviel nennt man Reizüberflutung. Das Nervensystem wird durch das Überangebot an Informationen überfordert. Denn jeder Reiz wird erst einmal vom Gehirn gespeichert – selbst wenn wir ihn nicht bewusst wahrnehmen. Von einer Unterhaltung in einem Büroraum, der an einer belebten Straße liegt, erinnert man beispielsweise später nur den Gesprächsinhalt. In Wirklichkeit hat das Gehirn aber auch die Verkehrsgeräusche von außen mit aufgenommen und muss diese erst irgendwo sinnvoll »einsortieren«, bis wieder mentale Ruhe einkehrt.

Fernsehen, Computer, Straßenlärm – eine Vielzahl von Eindrücken erreicht unser Gehirn in jeder Sekunde. Es verarbeitet alle optischen, olfaktorischen, akustischen und sensorischen Reize, die wir bewusst und unbewusst wahrnehmen.

Schlaf bringt Erholung

Dass unser Nervensystem auch immer wieder Ruhephasen ohne neue Sinneseindrücke benötigt, zeigt uns eigentlich der Schlaf. Im Schlaf erholen wir uns von den Tagesereignissen, die in Form von Sinnesinformationen auf uns eingestürmt sind. Achten Sie also darauf, sich regelmäßig in einer ruhigen und relativ reizarmen Umgebung von der täglichen Flut der Sinneseindrücke zu erholen.

ÜBUNG   Tagträumen als Kurzentspannung

Tagträume sind keine unliebsamen Ablenkungsmanöver des Gehirns, sie helfen Ihnen, sich kurzfristig zu entspannen. Nach so einer kurzen Ruhepause lassen sich die Probleme des Alltags viel besser bewältigen.

Sicher wissen Sie, was Tagträumen ist. Andere Umschreibungen dafür sind die Ausdrücke »mit den Gedanken woanders sein« oder »die Gedanken schweifen lassen«. Beim Tagträumen richtet sich der Blick in die Ferne, der Atem wird automatisch gleichmäßig, die Muskulatur entspannt sich weitgehend. Viele Menschen wissen nicht, dass Tagträume ein wichtiger natürlicher Schutz vor Reizüberflutung sind und neue Impulse für die Bewältigung des Alltags geben. Sie fuchteln dem Tagträumer vor dem Gesicht herum und rufen: »Hallo, hier spielt die Musik.« Emanzipieren Sie sich von diesen Hektikern, und pflegen Sie den Tagtraum. Er kann erholsamer sein als jede aufgesetzte Entspannungstechnik.

1 Setzen oder legen Sie sich bequem hin. Das Liegen ist dabei die angenehmere Position, weil dabei die Hände nicht einschlafen können. Lockern Sie – so weit wie möglich – Ihre Muskeln.

2 Fixieren Sie nun einen Punkt, der weiter als einen Meter von Ihnen entfernt ist. Behalten Sie diesen Punkt eine Weile im Blickfeld.

3 Lösen Sie jetzt nach und nach die Fixierung, und stellen Sie die Augen leicht auf »unscharf«. Auf diese Weise weitet sich trotz ruhiger Augenhaltung Ihr Blickfeld ziemlich weit nach links und rechts.

4 Lockern Sie bewusst die Spannung vor allem in der Kiefer- und Schultermuskulatur. Atmen Sie tief und gleichmäßig.

5 Jetzt erlauben Sie Ihren Gedanken, zu schweifen: Überlegen Sie sich z. B., wohin der nächste Urlaub gehen soll, oder welches Kleidungsstück Sie sich neu kaufen möchten. Erinnern Sie sich an Ihren Lieblingsfilm.

Sie können auch einen Gegenstand, den Sie zuvor im Raum wahrgenommen haben, als Tagtraumeinstieg benutzen, indem Sie dazu einige Ideen assoziieren. Geräusche können ebenfalls Tagträume auslösen.

6 Geben Sie sich einige Minuten diesem gezielten Tagträumen hin. Recken Sie sich dann, ballen und öffnen Sie einige Male die Fäuste, und kehren Sie so mit den Sinnen in die Außenwelt zurück.

Belastende Erlebnisse

Sie wissen bereits, dass katastrophale Ereignisse zu einem lang anhaltenden Angstproblem führen können. Bitte beantworten Sie daher für sich selbst die folgenden Fragen.

- Begannen Ihre Ängste kurz nach einem für Sie traumatischen Ereignis (Unfall, Naturkatastrophe, eine schwere soziale Enttäuschung, Verlust eines geliebten Menschen – auch durch Trennung)?
- Haben Sie das Gefühl, dass dieses Ereignis Ihr Wesen verändert hat?
- Ziehen Sie sich häufig zurück?
- Hatten Sie vor dem Ereignis keine Angstprobleme?
- Waren Sie vor dem Ereignis zwar ein »ängstlicher Typ«, konnten damit aber eigentlich ganz gut umgehen?
- Erleben Sie sich seit damals als chronisch erholungsbedürftig, fühlen sich aber von Ihren früheren Kraftquellen irgendwie abgeschnitten?

Wenn Sie außer der ersten Frage noch zwei andere mit Ja beantworten, dann benötigen Sie eine spezielle Psychotraumatherapie. Sie hilft Ihnen dabei, das damalige Ereignis körperlich spürbar zu überwinden. Am besten eignet sich dazu eine so genannte EMDR-Behandlung (Eye Movement Desensitization und Reprocessing, Adresse siehe Seite 95), die erfahrungsgemäß sehr gute und anhaltende Erfolge zeigt. Nach der Verarbeitung des Psychotraumas können die meisten Patienten wieder ebenso angstfrei leben wie zuvor. Die im Buch vorgestellten Übungen können Sie gern ausprobieren. Führen Sie aber nur diejenigen Übungen regelmäßig aus, die Sie wirklich spürbar beruhigen. Alle anderen Übungen schließen Sie nach dem Durchlesen aus Ihrem persönlichen Mentaltraining aus.

Wenn Ihre Angststörung auf ein belastendes Ereignis in der Vergangenheit zurückgeht, sollten Sie auf jeden Fall professionelle Hilfe suchen. Die Folgen eines Traumas können so schwer wiegend sein, dass sie ein normales Leben unmöglich machen.

Gedanken als Angstauslöser

Ängste entstehen immer dann, wenn die Betroffenen ein Erlebnis als bedrohlich erachten und nicht glauben, mit der Situation fertig zu werden.

Ängste sind in der Regel ein sehr subjektives Erlebnis. Es gibt einerseits Ereignisse, die jeden Menschen beim direkten Erleben in Schrecken versetzen: ein Erdbeben, ein Unfall, körperliche Bedrohung. Bei anderen Erlebnissen zeigen sich jedoch erhebliche Unterschiede: Es gibt Menschen, die Angst vor tiefem Wasser haben, und andere, die leidenschaftlich gern tauchen. Die einen haben Angst vor dem Fliegen, und andere zahlen dafür, an einem Rundflug über eine schöne Stadt teilzunehmen. Die unterschiedlichen Reaktionen sind nicht durch das Ereignis selbst bedingt, sondern durch die Art und Weise, in der das Ereignis gedanklich in ein Erlebnis verwandelt wird.

Subjektive Interpretation von Sinnesreizen

So denkt der eine bei der Perspektive eines Rundflugs: »Das ist bestimmt ein phantastischer Blick!«, und schon rührt sich ein Freudegefühl im Bauch. Der andere denkt: »So eine kleine Maschine stürzt doch garantiert ab«, und sofort steigt ein Angstgefühl in ihm hoch. Mit unseren Gedanken interpretieren wir also die Dinge, die von außen an uns herankommen. Vor diesem Hintergrund ist es nicht verwunderlich, dass die so genannte kognitive Verhaltenstherapie zu den erfolgreichsten Angstbehandlungen zählt. Bei einer solchen Therapie versucht man herauszufinden, mit welchen Gedanken die Klienten ihre Angstreaktionen hervorrufen. Diese Gedanken sind den meisten natürlich zunächst nicht bewusst und werden deswegen auch automatische Gedanken bzw. Kognitionen genannt. Hat man aber den automatischen Gedanken dingfest gemacht, kann man ihn sehr gut durch einen neuen Gedanken ersetzen, der statt Angst eher ein Gefühl von Beruhigung oder gar Sicherheit auslöst.

Gedanken tragen wesentlich zur Entstehung von Angst bei: Wenn man ein Ereignis schon im Vorfeld als gefährlich einschätzt, kann dies Angst hervorrufen oder verstärken.

Rationale und irrationale Gedanken

In unseren Gedanken kommentieren und interpretieren wir in einem fortlaufenden inneren Dialog die Ereignisse um uns herum. Meistens laufen diese Gedanken unbewusst und ohne eine innere Überprüfung ab. Mit »innerer Überprüfung« ist die Frage gemeint, ob der Gedanke eine angemessene Beurteilung der Ereignisse darstellt. Ist dies der Fall, wird der Gedanke als rational eingeschätzt. Beruht der Gedanke nicht auf nachvollziehbaren Tatsachen, sondern auf Projektionen, spricht man von einem irrationalen Gedanken.

Angstauslösende Gedanken ausschalten

Die folgenden Beispiele zeigen Ihnen, nach welchen Kriterien innere Gedanken in diese beiden »Schubladen« eingeordnet werden. Es handelt sich dabei natürlich nicht um absolute Wahrheiten, sondern lediglich um sinnvolle Richtungshinweise. Die Ausführungen vermitteln Ihnen ein »mentales Fingerspitzengefühl« für den Zusammenhang zwischen automatischen Gedanken und ihren Auswirkungen auf unsere Gefühlswelt. Wenn Sie einen Gedanken erst einmal als irrational erkannt haben, besteht die Möglichkeit, ihn »umzuprogrammieren.«

Wer vor Publikum eine Rede halten muss und sich ausmalt, was dabei alles schief gehen kann, schürt bereits vorhandene Ängste. Das kann so weit gehen, dass man die Rede gar nicht erst hält.

Beispiel 1 – »Hoffentlich merkt keiner was«

- Ereignis

Frau A. erlebt voller Entsetzen, dass sie plötzlich unter Angstzuständen leidet. Dabei zittern z. B. ihre Hände unkontrolliert, wenn sie in ihrem Terminkalender blättert oder mit dem Portemonnaie hantiert.

- Automatischer Gedanke

»Es ist eine Katastrophe, wenn das irgend jemand mitbekommt. Alle werden mich für verrückt halten, und dann ist es aus.«

- Negative Konsequenz

Dieser automatische Gedanke erhöht die Angstbereitschaft noch weiter und verschlimmert somit das Problem.

Gedanken als Angstauslöser

- Beurteilung

Natürlich ist diese Reaktion nicht schön – aber sie ist keine Katastrophe wie etwa ein Hurrikan. Außerdem ist es nicht »aus«, wenn Mitmenschen etwas von einem Angstproblem erfahren. Inzwischen gibt es genügend wissenschaftliche Hinweise dafür, dass sehr viele Menschen, die sich permanent überfordern, Schwächereaktionen in Form von Angstsymptomen haben. Daher werden auch nicht alle Frau A. für verrückt halten, sondern es wird viele Menschen geben, die durch eigene Erlebnisse oder aus anderen Quellen über das Thema »Ängste« Bescheid wissen. Dann ist ihnen auch bekannt, dass bei Ängsten die intellektuellen Fähigkeiten in vollem Umfang erhalten bleiben. Wie sonst hätte es Goethe – der ja schließlich auch unter Ängsten litt – jemals zum bedeutendsten deutschsprachigen Dichter bringen können? Sollte also wirklich jemand über diese Fakten uninformiert sein, wirft das kein schlechtes Licht auf Frau A., sondern auf die betreffende Person. Woher weiß Frau A. überhaupt, dass uninformierte Mitmenschen gleich ablehnend reagieren werden? Kann es nicht auch sein, dass sie ihre Umgebung menschlich unterschätzt? Ist die Situation nicht eher eine Chance, um zur allgemeinen Verbreitung eines realistischen Ängstewissens beizutragen und so einen Beitrag zum Abbau von irrationalen Ansichten über Ängste zu liefern? Der Gedanke, dass es »aus« ist, muss also als irrational eingeschätzt werden.

- Rationaler Gedanke

»Ich habe zwar zur Zeit diese Reaktion, aber ich bin damit in guter Gesellschaft: Viele erfolgreiche und berühmte Leute erleben manchmal das Gleiche. Und jedem zehnten Menschen in Deutschland ist schon einmal etwas Ähnliches passiert. Sollte jemand wirklich noch nichts über dieses Thema wissen, kann ich ihm das ja in Ruhe erklären. Und übrigens: Wenn ich wirklich nicht allein zurechtkomme, gehe ich eben zur Therapie. Denn 75 Prozent aller Betroffenen überwinden ihre Probleme, wenn sie sie rechtzeitig anpacken – warum sollte ich nicht dazu gehören?«

- Positive Konsequenz

Natürlich hat Frau A. noch immer ihr Problem. Aber die Gedanken, die das Ereignis interpretieren, sind rational und lösungsorientiert. Sie beruhigen unverhältnismäßige Gefühlsaufwallungen.

> Menschen mit Angstproblemen befürchten oft, von anderen nicht ernst genommen oder gar verachtet zu werden. Gedanken über die eigene Minderwertigkeit verstärken aber die Angst.

Beispiel 2 – »Ich bin ein Versager«

- Ereignis

Herr B. bekommt vom Chef eine Ausarbeitung mit den folgenden Worten zurück: »Das ist viel zu lang! Kürzen Sie den Text auf das Wesentliche!«

- Automatischer Gedanke

»Ich bin ein Versager! Das war schon immer so. Ich bin nutzlos.«

- Negative Konsequenz

Der Gedanke führt zu Niedergeschlagenheit und Angst vor dem Verlassenwerden, denn: Wer mag schon Versager?

- Beurteilung

Herr B. gründet auf ein einmaliges Ereignis gleich eine komplette Bewertung seiner Gesamtpersönlichkeit. Er denkt nicht: »Dieses eine Papier war dem Chef zu lang«, sondern macht sich gedanklich für immer und ewig zum Versager. Das haftet ihm fortan ebenso an wie seine Ohren – die wird er auch immer und ewig behalten. Er erkennt die Situation nicht als vorübergehend. Dabei wäre es vorstellbar, dass ein anderer Chef einen ausführlichen Bericht sogar ganz besonders schätzen würde.

- Rationaler Gedanke

»Er möchte den Bericht kürzer haben – na gut. Ich fand den Bericht zwar so in Ordnung – aber das ist eben Ansichtssache. Geschmäcker sind verschieden, und deshalb kann ich es auch nicht jedem recht machen. Ich streiche einfach ein paar Sätze – das ist zwar etwas stressig wegen der Mehrarbeit, aber es lohnt die Aufregung nicht. Und schließlich sind wir nicht miteinander verheiratet – er ist nur mein Vorgesetzter.«

- Positive Konsequenz

Bei diesen angemessenen Gedanken bleibt das Selbstwertgefühl erhalten, denn der Text war ja sorgfältig und gut ausgearbeitet. Herr B. hat nach eigenem Ermessen sein Bestes getan. Außerdem ist die Sichtweise rational, dass es selbst bei den herausragendsten Leistungen immer jemanden geben wird, der etwas daran auszusetzen hat. Das liegt aber in erster Linie daran, dass Menschen eben ganz verschiedene Ansichten haben können und dürfen. Es ändert überhaupt nichts am Wert der eigenen Leistung oder gar der eigenen Persönlichkeit.

Angst kann auch dadurch entstehen, dass jemand glaubt, eine bestimmte Handlung mindere sein Selbstwertgefühl. Die Angst vor einer Blamage führt dazu, dass man gar nicht erst aktiv wird.

Gedanken als Angstauslöser

In unserer Gesellschaft wird das Thema »Tod« gern verdrängt. Aber nur, wer sich konstruktiv mit der Endlichkeit des Lebens auseinandersetzt, kann sein Dasein wirklich genießen.

Wer eine Angstsituation stets meidet, sieht sie weiterhin als gefährlich an, weil er nie die Erfahrung der Bewältigung gemacht hat. Oft wird die Angst dann noch auf andere Situationen übertragen.

Beispiel 3 – »Mir passiert garantiert etwas Schlimmes«

- Ereignis

Frau C. gewinnt in einem Preisausschreiben eine Flugreise.

- Automatischer Gedanke

»Wenn ich in das Flugzeug einsteige, begebe ich mich in Lebensgefahr. Wer garantiert mir denn, dass es nicht abstürzt?«

- Negative Konsequenz

Frau C. macht der Gedanke so viel Angst, dass sie auf die Reise verzichtet. Sie wird also in ihrer Freiheit erheblich eingeschränkt.

- Beurteilung

Jeden Tag unternimmt Frau C. Dinge, bei denen ihr etwas zustoßen könnte: Sie überquert Straßen, steigt auf Küchenleitern und besucht Banken und Supermärkte – obwohl diese mit Waffengewalt überfallen werden könnten. Aber sie bleibt trotzdem nicht zu Hause, weil diese Aktivitäten einfach zum Leben dazugehören. Das Risiko beim Fliegen ist jedoch wesentlich geringer als bei vielen Alltagshandlungen. Dieses Argument reicht Frau C. aber nicht aus, sie will eine Garantie dafür haben, dass ihr nichts geschieht. Solche Garantien gibt es aber im Leben nicht. Theoretisch kann täglich das Leben bedroht sein. Wie viele Menschen in unserer Kultur hat Frau C. sich noch nicht auf angemessene Weise mit dem Gedanken auseinander gesetzt, dass wir alle einmal sterben müssen, denn in unserer Gesellschaft wird das Thema »Tod« gern verdrängt. Würde Frau C. die Endlichkeit des Lebens akzeptieren können, hätte sie auch das natürliche Bedürfnis, jeden Tag so erlebnisreich wie möglich zu gestalten. In der Konsequenz würde sie auch eine geschenkte Reise annehmen und genießen. Nicht umsonst gibt es das Wort »lebenswert«: Der Wert des Lebens bemisst sich am Reichtum unserer Erlebnisse – und wird dadurch geschmälert, wenn wir uns ein Leben lang vor dem Tod verstecken.

- Rationaler Gedanke

Mir ist zwar beim Gedanken an das Fliegen etwas mulmig zumute – aber andererseits will ich auch mein Leben genießen. Es gibt keine Garantie gegen den Tod – und Fliegen gilt sogar als ausgesprochen sichere Angelegenheit. Natürlich könnte ich Angst bekommen – aber Ängste sind gesunde Körperreaktionen, an denen man nicht stirbt – sie fühlen sich nur nicht besonders angenehm an. Ich will ein lebenswertes Leben führen – und dafür nehme ich einen vorübergehenden Gefühlsaufruhr in Kauf.

- Positive Konsequenz

Frau C. wagt sich mit weichen Knien in das Flugzeug und erlebt einen traumhaft schönen Urlaub. Hinterher ist sie stolz auf sich und geht fortan mutiger daran, die Welt zu erobern. Eine natürliche Vorsicht bleibt ihr erhalten, weil sie Risiken immer auf vernünftige Weise abwägt.

Gedankentagebuch gegen die Angst

Legen Sie sich selbst ein Gedankentagebuch zu, in das Sie alle inneren Dialoge im Verlauf einer Angstphase eintragen. Was genau geht in Ihrem Kopf vor, wenn Sie Angst haben? Welche Sätze sagen Sie zu sich selbst? Kommentieren Sie eine Woche lang Ihre Angstzustände mit ausführlichen Eintragungen. Dabei zählen übrigens nicht nur komplette Sätze, sondern auch Ausrufe wie: »Hilfe!« oder »Jetzt ist es aus!« Sammeln Sie so lange, bis Sie drei DIN-A5-Seiten oder zwei DIN-A4-Seiten zusammenge-

Ein Angsttagebuch gibt Aufschluss über die Art und Häufigkeit von Angstempfindungen. Es gibt Antwort auf die Frage, welche Situationen die Angstentstehung begünstigen.

schrieben haben. Dann nehmen Sie sich einmal einen Nachmittag Zeit und gehen Ihre Aufzeichnungen sorgfältig durch. Prüfen Sie die Eintragungen kritisch, und suchen Sie sich diejenigen Sätze oder Ausrufe heraus, die Ihrer Empfindung nach ganz besonders eng mit Ihren Ängsten verknüpft sind bzw. besonders gut dazu geneigt sind, Ihre Ängste aufzurufen und zu verstärken.

In Ihrem Angsttagebuch sollten Sie auch notieren, ob der Angstreaktion etwas Bemerkenswertes vorausging: Ärger mit dem Vorgesetzten oder Streit mit dem Partner kann die Bereitschaft, in bestimmten Situationen Angst zu zeigen, erhöhen.

Die Umkehrung der Angst

Mit diesem Satzmaterial können Sie jetzt eine äußerst wirkungsvolle Angstreduktionstechnik einsetzen, die direkt die Emotionen beeinflusst. Dazu müssen Sie wissen, dass die inneren Sätze ihre angstverstärkende Wirkung nicht nur durch die Formulierungen, sondern auch durch die Qualität der inneren Stimme entfalten. In Gedanken können wir die unterschiedlichsten Stimmen, Klänge und Geräusche abrufen, ohne dass andere mitbekommen, was in uns vorgeht.

Drei Möglichkeiten der Selbstbeobachtung

- **In sensu:** Dieser Fachausdruck besagt, dass wir ein Angsterlebnis im Geist durchgehen. Man denkt an einem sicheren Ort über den Moment der Angst nach und fragt sich: »Was denke ich da eigentlich?«
- **In vivo:** Dieser Begriff meint die Situation des Angsterlebens selbst. Dabei ist es äußerst ratsam, sich von einer Vertrauensperson begleiten zu lassen: über eine Brücke, in einen Fahrstuhl usw. Es geht nicht darum, die Angstsituationen durchzustehen, sondern sich selbst immer wieder zu fragen: »Welche Sätze gehen mir durch den Kopf?«
- **»Kopfkino«:** Dieser Begriff ist kein Fachwort. Er ist für jene Menschen reserviert, die keine Angst vor äußeren Orten haben, sondern die inneren Bilder fürchten, die ihnen im Kopf herumgehen und mit denen sie sich selbst immer mehr aufregen können. Diese mentalen Filme kann man auch als Katastrophenphantasien bezeichnen.

Der Ton macht die Musik

Ängstliche Menschen neigen meist dazu, ihre innerlich gedachten Sätze in subjektiv unangenehmen Stimmqualitäten abzurufen: ein panisches Kreischen, eine unheimliche Edgar-Wallace-Stimme oder gar eine Stimme mit Geisterhall. Innere Befehle wie »Reiß dich gefälligst zusammen – das ist ja schrecklich mit dir!« werden oft in einem angsteinflößenden Befehlston gerufen oder gar gebrüllt. Ein »Gleich passiert etwas« wird mit einem nervös machenden Zischeln oder gar mit einem drohenden Unterton vermittelt. Sie können Ihre Ängste schon allein dadurch nachhaltig mindern, dass Sie den gedachten Satzinhalten nicht mehr diese unangenehme innere Stimmqualität geben. Dazu müssen Sie die unangenehme Stimme quasi »überspielen«.

ÜBUNG Die Angst wegreden

Bei dieser Übung sollten Sie allein in einem Raum sein, denn andere Menschen würden sich sehr wundern, wenn sie Ihnen bei dieser Übung zuhören oder auch zusehen. Wichtig ist auch, dass Sie sich in diesem Raum sicher und rundherum wohl fühlen.

1 Setzen Sie sich mit Ihrem Gedankentagebuch bequem hin, und schlagen Sie es auf der ersten Seite auf.
2 Lesen Sie sich die im Lauf der Zeit notierten Sätze und Ausrufe mit lauter und deutlicher Stimme vor.
3 Probieren Sie nun gezielt verschiedene angstreduzierende Stimmqualitäten aus:
- Lesen Sie die Seiten nochmals mit der hohen, piepsigen Stimmlage von Micky-Maus-Filmen durch.
- Singen Sie den ganzen Text wie ein A-cappella-Stück der »Comedian Harmonists« oder mit Opernstimme.
- Vielen Menschen hilft auch die Übertreibung: Lesen Sie den Text übertrieben dramatisch mit der unheimlichsten Stimme, zu der Sie fähig sind. Häufig muss man dann schmunzeln und sagt zu sich selbst: »Na, so schlimm ist es ja nun auch wieder nicht!«

> Das Gehirn ist ein Organ, das durch gezieltes Training sehr stark beeinflusst werden kann. Je öfter angstreduzierende Mechanismen eingeübt werden, umso automatischer greift das Gehirn auch in Angstsituationen darauf zurück.

4 Vielleicht haben Sie noch eine eigene Idee: Stellen Sie sich z. B. vor, dass ein Schauspieler oder Komiker den Text spricht.

5 Nachdem Sie mehrere Möglichkeiten durchprobiert haben, entscheiden Sie für sich selbst, welche Variante die stärkste angstreduzierende Wirkung auf Sie ausübt.

6 Lesen Sie sich in der Folge täglich einmal Ihren Angsttext laut mit der Stimme vor, die Ihren Angstsymptomen am stärksten entgegenwirkt. Diese Übung sollten Sie an mindestens fünf aufeinander folgenden Tagen durchführen.

Es ist wichtig, dass Sie diese Übung vor allem in Momenten durchführen, in denen Sie sich stabil und sicher fühlen. So ist der Übungseffekt am stärksten. In problematischen Situationen brauchen Sie die Übung nicht gezielt einzusetzen, denn nach ein paar Tagen Training stellt sich das positive Ergebnis ganz von allein ein: Ihr Gehirn verfällt ganz von selbst in die angstreduzierende Stimmqualität, wenn die automatischen Gedanken einsetzen. Somit wird ein problematischer Gedankenautomatismus durch einen angstreduzierenden Automatismus ersetzt.

Auch von der Stimmmodulation hängt es ab, welche Gefühle eine verbale Botschaft in uns auslöst. Achten Sie einmal auf den Tonfall Ihrer inneren Stimme: Klingt sie freundlich oder eher nörgelig und rechthaberisch?

Der Ausstieg aus dem Teufelskreis

Mit Hilfe Ihres Gedankentagebuchs, das angstauslösende Gedanken und Verhaltensweisen bewusst macht, können Sie noch weitere Fortschritte bei der Angstreduktion erzielen. Wenn Sie die vorangehenden Ausführungen gelesen haben, müssten in Ihrem Heft bereits eine ganze Reihe von Sätzen oder Ausrufen unterstrichen sein, die besonders gut geeignet sind, Ihre Angst aufzurufen oder zu unterhalten. Suchen Sie wieder diejenigen Eintragungen heraus, die Ihrer Einschätzung nach ganz besonders eng mit Ihren Ängsten verknüpft sind. Schreiben Sie diese Sätze auf separate Seiten. Untersuchen Sie sie nun nach dem Schema, das Sie weiter vorne schon kennen gelernt haben:

- Ereignis
- Automatischer Gedanke
- Negative Konsequenz
- Beurteilung
- Rationaler Gedanke
- Positive Konsequenz

Negative Glaubenssätze entschärfen

Umprogrammierung automatischer Gedanken

Hier finden Sie noch einige weitere Möglichkeiten, automatische Gedanken in rationale Sätze zu verwandeln.

Das schaffe ich nie!
- Ich teile mir das eben in kleine Schritte auf.
- Das schafft man ja auch nicht allein.
- Ich muss mir eben Hilfe holen.

Hoffentlich gibt es keinen Streit!
- Und wenn schon – Streit gehört zum Leben dazu!
- Streit reinigt die Atmosphäre!
- Streit ist wie bittere Medizin: etwas unangenehm, dafür aber gesund!

Das darf er mir doch nicht antun!
- Anscheinend denkt er, dass er das darf.
- Aber soll ich es ausbaden, dass er so schlecht erzogen ist?
- Ich stecke meine Energie lieber in Beziehungen, die mir gut tun.

In der kognitiven Verhaltenstherapie versucht man, die Gedanken von der Fessel negativer Glaubenssätze zu befreien, indem man sie durch positive Formulierungen ersetzt, die den Lebensmut wecken.

Halten Sie Ihre Angstreaktionen detailliert in einem Tagebuch fest: Damit tun Sie den ersten Schritt zur Analyse Ihres Angstproblems und bereiten so eine Lösung vor.

Automatische Sätze kritisch hinterfragen

Fragen Sie sich also bei Ihren Sätzen immer wieder: »Ist es wirklich notwendig, so zu denken? Habe ich nicht auch die Freiheit, die Sache von einer ganz anderen Seite zu sehen?« Diskutieren Sie ruhig mit sich und anderen über die Angemessenheit Ihrer automatischen Sätze, und formulieren Sie rationale und sachliche Kommentare. Dies sollte allerdings nicht in Augenwischerei enden. Bekommen Sie beispielsweise eine Mahnung geschickt, wäre ein sachlicher Gedanke: »Das ist nur ein Stück Papier. Ich kann also ganz ruhig bleiben.« Problematisch wäre es, wenn Sie

Versuchen Sie, angstauslösende Sachverhalte neutral zu sehen: Durch kritisches Hinterfragen lässt man aus blockierenden negativen Glaubenssätzen sehr schnell die Luft heraus.

NLP – Neurolinguistisches Programmieren

Das »Umprogrammieren« von angstauslösenden Gedanken in neutrale oder sogar positive Formulierungen ist eine Methode des so genannten Neurolinguistischen Programmierens (NLP). Forschungen zeigen, dass diese Methode ganz besonders gut bei der Behandlung von Ängsten wirkt. Hinter dem Begriff verbirgt sich Folgendes:

- »Neuro« steht für die Tatsache, dass unser gesamtes Erleben, Verhalten und Denken von unzähligen Gehirnzellen organisiert wird, die auf äußerst komplexe Weise miteinander vernetzt sind und so die Kommunikation zwischen Gehirn und Körperreaktion gewährleisten.

- »Linguistisch« bedeutet, dass wir durch Worte, Gedanken und somit »Sprachberührung« diese Netzwerke über alle Sinneskanäle – also Sehen, Hören, Fühlen, Riechen und Schmecken – gezielt erreichen können.

- »Programmieren« meint die Möglichkeit, ungünstige automatische Denk- und Verhaltensweisen eines Menschen in gesundheitsfördernde Energien und Muster zu verwandeln. Diese positiven Veränderungen werden durch Neurolinguistisches Programmieren dann wieder zu einem selbstverständlichen Teil des persönlichen Erlebens und Verhaltens.

Angstauslösende Sätze umformulieren

weiter denken würden: »So ein unwichtiges Stück Papier gehört in den Papierkorb.« Hier wäre also die Untertreibung irrational und würde Ihnen weitere Probleme bescheren. Ein rationaler Gedanke wäre: »Ich stecke die Mahnung in die Schublade und bringe die Sache morgen in Ruhe zu Ende.« Wenn Sie für drei Ihrer Sätze rational-sachliche Umformungen gefunden haben, können Sie eine weitere Übung durchlaufen.

ÜBUNG Angstreduktion durch beruhigende Sätze

1 Lesen Sie sich die neuen, positiven Formulierungen, die Sie für Ihre Sätze gefunden haben, einmal laut vor.
2 Suchen Sie nun zusätzlich nach einer Stimmqualität, die eine besonders beruhigende Wirkung auf Sie hat.
- Lesen Sie den Text mit angenehm tiefer und sonorer Stimme vor.
- Lesen Sie ihn mit leiser und beruhigender Stimme vor.
- Sprechen Sie im neutralen und sachlichen Tonfall eines routinierten Nachrichtensprechers.

3 Überlegen Sie einmal: Gibt es in Ihrem Leben einen Menschen, dessen Stimme oder Art zu sprechen eine besonders beruhigende Wirkung auf Sie hat? Es kann sich dabei um einen Schauspieler, eine gute Freundin oder einen netten Nachbarn handeln. Analysieren Sie nun: Was sind die charakteristischen Merkmale dieser Stimme?
4 Nachdem Sie mehrere Möglichkeiten ausprobiert haben, entscheiden Sie für sich, welche Variante die beruhigendste Wirkung auf Sie hat.
5 Lesen Sie den »Sicherheitstext« immer wieder mit Ihrem Lieblingstonfall vor, oder stellen Sie sich in Gedanken vor, die sympathische Stimme würde ihn vortragen. So trainieren Sie die Ihnen Sicherheit spendende Stimmung.
6 Gewöhnen Sie sich an, all Ihre Gedanken in diesem beruhigenden Tonfall zu denken. So erleben Sie bei jedem Nachdenken unbewusst innere Sicherheit. Wenn Sie einige Zeit lang regelmäßig geübt haben, wird sich die sichere Stimme ganz von allein auch in problematischen Situationen einstellen. Schaffen Sie sich Erinnerungsanker wie z. B. bunte Klebepunkte, die Sie im Alltag an die Kraft spendende Stimme erinnern.

Dass man sich im inneren Dialog gern von positiven Vorbildern inspirieren lässt, entspricht unserem natürlichen Bedürfnis, von Menschen, die wir respektieren, etwas anzunehmen.

Die Angst bewältigen

Wer seine Gefühl zulässt und intensiv durchlebt, kann in der Regel viel besser mit ihnen umgehen.

Zusätzlich zum bisher vorgestellten Gedankenmanagement gibt es noch eine Reihe weiterer wirkungsvoller Übungen zur Angstreduktion. Bevor Sie diese Übungen anwenden, sollten Sie sich mit der Body-Scan-Technik vertraut machen. Diese Technik beruht auf der Tatsache, dass jede Angst ein so genanntes Körperecho hat: Dem einen »sitzt sie im Nacken«, dem anderen »dreht sie den Magen herum«. So mancher bekommt auch »kalte Füße«. Beim Body-Scan spürt man in seinen Körper hinein, um herauszufinden, wo die Angst sitzt. Spürt man mehrere Körperechos gleichzeitig, dann bestimmt man, welcher Bereich sich am unangenehmsten anfühlt bzw. der subjektive Ausgangspunkt der Angstgefühle sein könnte. Sie können auf diese Weise herausfinden, welche mentale Angstreduktionstechnik Ihnen am besten hilft.

Unterschiedliche Erlebnisqualitäten bewerten

Um subjekte Gefühle wie die Angst rational zugänglich zu machen, kann es nützlich sein, sie in Zahlen zu erfassen. Die folgenden beiden Skalen helfen Ihnen dabei.

- Skala für subjektives Wohlbefinden (SSW)
- Skala für subjektives Unbehagen (SSU)

Gefühle wie Angst und Freude spiegeln sich in unseren Körperempfindungen wider. Man kann diese Emotionen zwar nicht objektiv messen, aber jeder Mensch kann subjektiv beschreiben, was er bei einem Erlebnis körperlich spürt.

Skala für subjektives Unbehagen		Skala für subjektives Wohlbefinden
−10	**0**	**+10**
Schlimmstes vorstellbares Unbehagen	Normal, angenehm	Nicht mehr steigerbar

Auf den folgenden Seiten werden Sie in den Übungstexten immer wieder dazu aufgefordert, Ihren Body-Scan-Wert zu bestimmen. Dazu spüren Sie Ihr Körperecho und ordnen diesem Empfinden einen Wert auf der obigen Skala zu. Zur Einstimmung in den Umgang mit diesem Instrument durchlaufen Sie einmal die folgende Übung.

Gefühle messbar machen

ÜBUNG Der Body-Scan-Test

1 Denken Sie an ein besonders schönes Ereignis aus den letzten Wochen oder Monaten – irgend etwas, worüber Sie sich sehr gefreut haben. Das kann nicht nur ein ganz großes Highlight, sondern auch ein kleiner Augenblick gewesen sein, wie beispielsweise ein besonders harmonisches Zusammensein mit Freunden, Kollegen oder der Familie.

2 Wenn Sie einen Erinnerungsmoment gefunden haben, auf den diese Beschreibung passt, versetzen Sie sich einmal mit allen Sinnen in das Ereignis hinein. Nehmen Sie ganz bewusst sich selbst und Ihre Beziehung zur Umwelt wahr:
- Was gab es in diesem Moment zu sehen?
- Was zu hören?
- Ist die Erinnerung mit einem Geruch oder Geschmack verbunden?
- Wie war Ihre Stimmung?
- Welches Gefühl gehört zu diesem Moment dazu?

3 Nun spüren Sie in Ihren Körper hinein: Wie genau nehmen Sie jetzt wahr, dass es sich um eine subjektiv schöne Erinnerung handelt? Und wo genau im Körper verdichtet sich die Erinnerung zu einer spürbaren Positivenergie? Gehen Sie in Gedanken Ihren Körper durch, und definieren Sie den Bereich, in dem Sie die Erinnerung als Körperecho fühlen.

4 Finden Sie Worte, um das angenehme Gefühl zu beschreiben: z. B. leicht oder auch angenehm schwer, warm oder angenehm kühl, ruhig oder fließend, kribbelnd, sprudelnd, stabilisierend oder dynamisierend, aufrichtend, beschwingend usw.

5 Welchen Wert an Wohlbefinden ordnen Sie diesem angenehmen Gefühl zu? Nutzen Sie für die Beantwortung dieser Frage die links abgebildete Skala für subjektives Wohlbefinden.

6 Versuchen Sie nun, dieses Freudegefühl durch die Kraft der Vorstellung noch etwas zu verstärken – zunächst um einen halben Punkt (z. B. von +2 auf +2,5). Ist Ihnen das gelungen, verstärken Sie nochmals um einen halben Punkt. Fahren Sie so fort. Bleiben Sie bei diesem Übungsschritt nur so lange, wie Ihnen die positive Verstärkung leicht fällt. Schon ein halber Punkt Verstärkung ist ein Erfolg.

Der Alltag stumpft viele Menschen emotional ab. Das intensive In-sich-hinein-Horchen und die Bewertung der eigenen Gefühle nach einer Punkteskala lässt einen auch kleine Freuden wieder bewusster erleben und genießen.

Die Angst bewältigen

Gefühlsschwankungen besser registrieren

Je öfter Sie den Body-Scan anwenden, desto schneller können Sie Ihr Körperecho auf Ihre Gefühlslage hin fokussieren und ihm auf der Skala einen entsprechenden Wert zuordnen. Bei Angstgefühlen können Sie dann ganz bewusst die Angstreduktion erleben, weil Sie nun die Abschwächung des Körperechos als Reaktion auf eine Übung ganz diffenrenziert in Zahlenwerten erfassen können.

Der Eichhörncheneffekt

Wie bereits beschrieben, werden unsere Emotionen und Gefühle vom Gehirn organisiert. Trotz seiner erstaunlichen Fähigkeiten ist das Gehirn aber leider nicht in der Lage, mit einem »Nein« oder »Nicht« so umzugehen, wie wir es uns wünschen. Machen Sie dazu einen einfachen Wahrnehmungstest: Versuchen Sie, sich sehr stark zu konzentrieren – und dabei auf keinen Fall an ein Eichhörnchen zu denken. Sie werden feststellen, dass das einfach nicht geht. Denn unser Gehirn reagiert innerhalb von Zehntelsekunden auf Wörter. Bei der obigen Aufforderung taucht sofort das Bild des possierlichen kleinen Nagers vor unserem inneren Auge auf – ob wir das nun wollen oder nicht.

> Negativ formulierte Zielvorstellungen und Wünsche haben den Effekt, dass sie genau den Zustand herbeibeschwören, der eigentlich um jeden Preis vermieden werden sollte.

Negative Formulierungen vermeiden

Wenn Sie nun ständig denken: »Hoffentlich bekomme ich keine Angst, hoffentlich gerate ich nicht in Panik« provozieren Sie in sich immer wieder den Eichhörncheneffekt. Das Gehirn versteht nur »Angst« und »Panik« und ruft sofort alle körperlichen Erinnerungen auf, die unter diesen Oberbegriffen gespeichert sind: Angst, das ist doch der Zustand, in dem das Herz schneller klopft, der Mund trocken wird und die Gedanken durcheinander wirbeln. In der Folge fokussiert sich die Wahrnehmung immer mehr auf die negativen Möglichkeiten im Leben. Eine derartig einseitige Ausrichtung der Wahrnehmung führt irgendwann zu einem wei-

Konstruktiv denken

teren Phänomen, das man in der Psychologie Wahrnehmungsselektion nennt. Was das ist, erklärt ein weiteres Phänomen aus dem Alltag, das Sie sicherlich kennen. Kaufen Sie sich beispielsweise ein neues Auto, fallen Ihnen plötzlich alle anderen Autos der gleichen Marke auf. Sie haben das Gefühl, als seien die Straßen voll mit »Ihrem« Auto. Sind Frauen schwanger, sehen sie plötzlich überall andere Schwangere umherlaufen und denken sich: »Ja, bekommen denn jetzt auf einmal alle Kinder?« Sind die Kinder dann groß, scheinen alle Schwangeren wieder von der Bildfläche verschwunden zu sein.

Selektive Gedächtnisleistungen

Im modernen Alltag gibt es derartig viele Informationen und Erlebnisse zu verarbeiten, dass unser Gehirn eine gewisse Ordnung in die Bewusstmachung dieser Wahrnehmungen bringen muss. Es speichert dann vorrangig die Sinnesreize, die zu dem »inneren Thema« passen, mit dem sich das Gehirn gerade überwiegend beschäftigt. Es versteht sich von selbst, was dies für Menschen mit Angstsymptomen bedeuten kann: Furchtbesetzte Informationen fallen in der bewussten Wahrnehmung ganz besonders ins Gewicht, während positive Ereignisse an den Rand des »Bewusstseinsbildschirms« gedrängt werden.

Das Gehirn sortiert Eindrücke nach eigenen Kriterien von Wichtigkeit. Auch das ist menschheitsgeschichtlich ein uraltes Programm, das für das Überleben unserer Vorfahren von großer Bedeutung war.

Das Gehirn richtig ansprechen

Sprachexperten weisen immer wieder darauf hin, dass die deutsche Sprache sich besonders durch die Hervorhebung negativer Wörter auszeichnet. Betrachten Sie im Hinblick auf diese Aussage einmal das Foto auf der folgenden Seite, welches ein Strandwärterhäuschen auf den Kanarischen Inseln zeigt. Interessant ist hier, dass sichere Wetterverhältnisse im Spanischen und im Englischen auch mit einem sicheren Wort kommuniziert werden: »safe« und »seguro«. Nur im Deutschen wird der sichere Zustand mit dem Ausdruck »keine Gefahr« umschrieben. Hier haben wir also ein weiteres Beispiel für den Eichhörncheneffekt: Obwohl alles in Ordnung ist, wird dem Gehirn ein Angstwort angeboten.

Die Angst bewältigen

Furchtbesetzte Informationen werden von Angstpatienten bevorzugt wahrgenommen. Schon die Hervorhebung eines negativen Wortes reicht dann aus, um Panik auszulösen.

Zufriedenheit ist ein Zustand, um den man sich immer wieder bemühen muss, indem man sich vor Augen hält, wie viele positive Momente jeder Tag bereithält.

Das kleine Glück genießen

Es versteht sich von selbst, dass für eine wirkungsvolle Angstreduktion die Wahrnehmung positiver Lebensereignisse und vor allem auch alltäglicher Freuden geschult werden muss. Es geht hier um die berühmte Frage: »Ist das Glas halb voll oder halb leer?« Es hieße natürlich einen Sachverhalt schön reden, wenn man über ein völlig leeres Glas sagte: »Das ist halb voll.« Aber über ein halb volles Glas zu sagen, dass es halb voll sei, ist schlichtweg richtig, realistisch und angemessen.

Subjektiv zufriedene Menschen scheinen die Kunst zu beherrschen, auch die kleinen Höhepunkte wahrzunehmen, die jeder Tag bereithält. Sie konzentrieren sich beim Tanken von Lebensfreude nicht auf die »großen Ereignisse« des Lebens wie etwa die Hochzeit oder die Auszahlung der Lebensversicherung. Glück empfinden sie auch bei einem anregenden Gespräch, beim Betrachten eines Sonnenuntergangs oder beim Anblick einer blühenden Wiese. Dieses tägliche »Begießen« des zarten Pflänzchens mit dem Namen »Lebensfreude« ist ihre Kraftquelle. Lernen Sie von der Mentalstrategie dieser Menschen, und durchlaufen Sie – wann immer Sie können – die folgende Übung.

ÜBUNG Lebensfreude tanken

1 Legen oder setzen Sie sich bequem hin. Nehmen Sie ganz bewusst Ihre Umgebung wahr – ganz gleich, wo Sie gerade sind.

2 Öffnen Sie all Ihre Sinneskanäle, und suchen Sie sich irgend etwas, das einen positiven Eindruck auf Sie macht: etwas, das Sie sehen, hören, fühlen, riechen oder schmecken.

3 Achten Sie dabei besonders auf Kleinigkeiten: die Farbe einer Büroklammer, die ausgefallene Frisur einer Frau in der U-Bahn, eine interessant geformte Wolke am Himmel, ein angenehmer Geruch usw.

4 Überlegen Sie nun, warum diese Kleinigkeit Sie so sehr anspricht. Erinnert sie Sie an etwas Schönes?

5 Führen Sie nun den Body-Scan durch: Fragen Sie sich, wo im Körper Sie ein subjektiv angenehmes Echo auf diese positive Wahrnehmung fühlen. Spüren Sie intensiv in Ihren Körper hinein, und geben Sie dem positiven Körperecho einen Wert auf der SSW-Skala.

6 Fokussieren Sie Ihre Wahrnehmung auf das Körperecho, und berühren Sie jetzt kreisend mit dem rechten Zeigefinger den Zeigefingerknöchel der linken Hand. Verweilen Sie so für eine halbe Minute.

7 Schon wenn Sie diese Übung zehnmal durchgeführt haben, ist diese Berührung für Ihr Gehirn auf der Fühlebene mit einem positiven Seelenzustand verankert. Für diesen Effekt ist es aber erforderlich, dass Sie »sauber« ankern: Berühren Sie den Knöchel erst dann, wenn die Wahrnehmung auf einen angenehmen Sinneseindruck fokussiert ist. Auf diese Weise verknüpft sich der positive Zustand mit dem Sinnesreiz.

8 Nach zehnmaliger sauberer Verankerung ist die Verknüpfung so stark geworden, dass Sie nun auch vom umgekehrten Effekt profitieren können: Wann immer Sie den Knöchel berühren, assoziiert Ihr Gehirn diesen Sinnesimpuls mit angenehmen Gefühlen, die sich dann wiederum positiv auf Ihren Allgemeinzustand auswirken.

9 Sie sollten sich angewöhnen, mindestens einmal pro Stunde eine Minute für positive Sinneswahrnehmungen zu reservieren. So halten Sie den Zustand den ganzen Tag über stabil. Denken Sie dabei wieder an eine Pflanze, die regelmäßig begossen werden möchte.

Kinder können sich ganz dem Augenblick hingeben und werden deshalb von Erwachsenen gern als naiv eingestuft. Ihr selbstvergessenes Spiel ist aber auch eine positive Hinwendung zum Leben.

Die Magic-Words-Methode

Die beruhigende Kraft der Wörter

Der Schriftsteller Rudyard Kipling prägte einst den Ausspruch: »Wörter sind die mächtigste Droge, welche die Menschheit benutzt.« Wir Menschen haben seit jeher empfunden, dass Wörter mehr sind als nur aneinander gereihte Klangfolgen, Silben und Buchstaben: »Worte hielt man früher für etwas Magisches – für heilige Laute, die zu den Dingen, die sie bezeichnen, in enger Beziehung stehen«, schrieb der Autor George Johnson in seinem Buch »In den Palästen der Erinnerung«. Doch auch heute noch erleben wir täglich: Wörter haben Macht!

Das Gehirn speichert Wörter zusammen mit allen körperlichen und seelischen Erfahrungen, die wir jemals mit diesem Wort in Verbindung gebracht haben. Durch das gesprochene oder gedachte Wort werden diese Emotionen wieder belebt.

Wörter schaffen Bewusstsein

Sie bezeichnen nicht nur Gegenstände, Namen, Gefühle, Tätigkeiten und Ereignisse, sondern sie übertragen beim Sprechen, Hören und Denken in uns die volle körperliche und psychische Wirkung dieser Phänomene. »Wenn ich das Wort nur höre...« ist beispielsweise eine weit verbreitete Formulierung. Wörter sind also gleichzusetzen mit Körperreaktionen. Wie sonst können kleine schwarze Buchstaben auf einem Blatt Papier Tränen fließen lassen oder die Lachmuskeln in Bewegung setzen?

Auslöser von Stressreaktionen

Ein bloßer Name kann schon Angst einflößen – ohne dass die betreffende Person erscheint. Die Wörter »Schule« oder »Mathe« lassen auch zu Hause die Schultern so manchen Schülers mutlos nach unten sinken; das Wort »Prüfung« verändert schon bei den Lernvorbereitungen den Gehirnstoffwechsel und führt zu Konzentrationsstörungen und schlaflosen Nächten. »Migräne« veranlasst die Gesichtsmuskeln, sogar an Tagen, an denen man sich gut fühlt, die Mundwinkel nach unten zu ziehen, und der Begriff »Steuererklärung« macht auch ohne den realen Anblick der Formulare depressiv. Stresswörter nennt man diese Boten der schlechten Verfassung.

Wörter als Kraftquelle

> ## Körperliche Reaktionen auf Wörter
>
> **Körperliche Reaktionen auf Wörter kann man anhand von ganz verschiedenen Parametern messen:**
>
> - **Herzfrequenz**
>
> - **Hautgalvanischer Widerstand:** Die Oberflächenspannung unserer Haut reagiert prompt auf unseren Seelenzustand.
>
> - **Muskeltonus:** Unsere Muskulatur steht ständig unter einer gewissen Spannung, die man Tonus nennt. Manche Muskeln reagieren in Bruchteilen von Sekunden mit einer Tonusveränderung auf Wörter.
>
> - **Stoffwechsel:** Stresswörter führen blitzschnell zur Ausschüttung von Stresshormonen, angenehme Schlüsselwörter setzen umgekehrt aufhellende Nervenbotenstoffe frei.
>
> - **Gehirntätigkeit:** Die entsprechenden Messungen erfolgen entweder mit Hilfe des EEG oder der hochmodernen, aber noch sehr teuren PET (Positronen-Emissions-Tomografie). Bunte Bilder zeigen dabei ganz deutlich, welche Gehirnbereiche wann besonders aktiv sind und welche nicht.

Bedrohliche Wörter verzaubern

Mit der so genannten Magic-Words-Methode können Sie Ihre körperliche Reaktion auf Wörter ändern. Und wenn die körperliche Reaktion auf angstbesetzte Wörter milder ausfällt, erleben Sie plötzlich auch die entsprechenden Situationen etwas gelassener. So hatte etwa meine Klientin Jasmin schon seit Jahren Angst davor, über Brücken zu gehen, und konnte dann diese Angst mit der Methode des »Worte-Verzauberns« überwinden. An ihrem Beispiel möchte ich Ihnen eine Kurzeinführung in dieses Verfahren geben. Zu Beginn unseres Gesprächs bat ich Jasmin, die subjektiven Gefühle, die das Wort »Brücke« bei ihr hervorrief, auf der SSU-Skala einzuordnen. Sie führte den »Body-Scan« durch und gab dann ihren negativen Empfindungen die Punktzahl –5.

Dasselbe Wort kann bei verschiedenen Menschen ganz unterschiedliche Gefühle auslösen. Mit Magic Words kann man Wörter im Gehirn so speichern, dass sie positive Kräfte aktivieren, statt Schwächen und Ängste auszulösen.

Die Wortstrukturanalyse

Dann forderte ich sie auf, eine so genannte Wortstrukturanalyse des Wortes »Brücke« zu machen: »Stellen Sie sich bitte das Wort ›Brücke‹ geschrieben vor. Welche Farbe haben die Buchstaben? Wie sind sie geschrieben? Wie groß ist das Wort auf dem inneren Bildschirm?« Jasmin antwortete: »Ich sehe das Wort in riesigen schwarzen Buchstaben vor mir, zu denen ich aufschauen muss.« – »Wie hört sich das Wort vor dem geistigen Ohr an?« fragte ich weiter. »Ich denke dabei an eine Männerstimme mit einem unheimlichen Nachhall.« – »Und wie wirken die Buchstaben vom mentalen ›Anfassen‹ her?« war meine letzte Frage. »Die Buchstaben wirken schwer – wie eine Mauer, die einen erschlagen könnte.«

Wortbilder gezielt verändern

Nun zeigte ich Jasmin, wie man das Wort »verzaubern« kann: »Es geht ganz einfach. Sie müssen nur das sinnliche Material ändern, mit dem Ihr Gehirn dieses Wort in Ihrem subjektiven Erleben abbildet. Gehen Sie dabei vor wie ein Künstler oder Grafiker, der den Auftrag hat, einen Namen besonders positiv darzustellen. Benutzen Sie dazu die ›Ideenliste für die innere Wortgestaltung‹. Mildern Sie die körperliche Stressantwort auf die Schlüsselwörter soweit ab, dass sie auf der SSU-Skala einen Wert bekommt, zu dem man sagen kann: ›Dieses Gefühl ist zwar nicht besonders angenehm – aber ich fühle mich ihm gewachsen.‹«

Stresswörter positiv gestalten

Nach kurzer Zeit kam Jasmin zu folgendem Ergebnis: »Dass die Buchstaben so stabil wirken, habe ich so gelassen, das finde ich eigentlich gut. Aber ich sehe jetzt von oben auf das Wort herab – schließlich soll mich die Brücke ja tragen. Jeder Buchstabe ist bunt angemalt – in den Regenbogenfarben. So kann ich mir vorstellen, dass Brücken mich mit schönen und interessanten Orten verbinden. Als Klang stelle ich mir jetzt eine Frauenstimme vor, die einladend ruft: ›Brücke!‹ Es klingt so ähnlich wie

---

Mit Magic Words wird eine Umprogrammierung von Stresswörtern angestrebt. Wenn ein Stresswort gesprochen oder gedacht wird, soll es sofort ein Programm aktivieren, das mit gesunden und kraftvollen Körperreaktionen verbunden ist.

Positive Wortbilder kreieren

Ideenliste für die innere Wortgestaltung

- **Schreibweise des Wortes:** gedruckt oder geschrieben? Wenn gedruckt: nur in Großbuchstaben oder groß und klein gemischt? Wenn geschrieben: in der eigenen Handschrift oder der einer anderen Person (wenn ja, von welcher?) Wenn in der eigenen: in der erwachsenen oder der kindlichen von früher?

- **Beschaffenheit der Buchstaben:** Mit Farbe oder Stift aufgetragen oder aus Material geschaffen (z. B. in Holz geschnitzt)? Groß (wie auf einem Schild) oder klein (wie im Buch)? Farbig oder dunkel? Buchstabenhintergrund hell, dunkel oder farbig?

- **Formbesonderheiten:** Buchstaben sehr spitz, fett oder krakelig? Verlauf der Buchstaben gerade, schräg, unregelmäßig oder wellenförmig auf und ab? Buchstaben, die aus dem Rahmen fallen (z. B. einer der Buchstaben schief)? Wo im Raum wahrgenommen: über mir, vor mir, unter mir oder seitlich von mir (Ortsangabe bezieht sich auf den »geistigen Bildschirm«)?

- **Akustische oder klangliche Besonderheiten:** Welche Stimme sagt dieses Wort vor dem geistigen Ohr? Die eigene, die Stimme von Frau, Mann oder Kind, vielleicht sogar mehrere auf einmal? Lautstärke laut oder leise? Tonhöhe des Klanges hoch, mittel oder tief? Nachhall oder Echo? Wortmelodie geschwungen oder eintönig, vielleicht sogar gesungen?

- **Stimmqualität:** im Negativen jammernd, drohend, militärisch oder unheimlich? Im Positiven freundlich, aufmunternd, anfeuernd, fröhlich, flüsternd (wie ein schönes Geheimnis) oder witzig (»Micky Maus« oder Kinderreim) usw.? Klangquelle des Wortes im Raum hinten, vorn, oben, neben einem, Raumklang?

- **Gefühlsqualitäten:** Wenn das Wort aus einem bestimmten Material besteht, wie fühlt sich dieses wohl an (weich oder hart, spitz oder rund, warm oder kalt, leicht oder schwer, Oberflächenbeschaffenheit)?

- **Sonstige Sinnesqualitäten:** Wird ein besonderer Geruch zur Wortdarstellung assoziiert? Wird ein Geschmack assoziiert?

Diese Liste fasst sämtliche sinnlichen Besonderheiten zusammen, die im Zusammenhang mit einem innerlich wahrgenommenen Wort denkbar sind. Wenn Sie persönlich an ein Wort denken, so muss dies natürlich bei weitem nicht alle Varianten enthalten.

Die Angst bewältigen

der fröhliche Ruf: ›Kinder, das Essen ist fertig!‹« Dabei musste Jasmin sogar lachen. Nun bat ich Jasmin um die Einschätzung ihres jetzigen Worterlebens auf der SSU-Skala. »Es ist zwar noch ein kleines Unbehagen da. Aber der Wert der Beeinträchtigung liegt nur noch bei –1«, berichtete sie. Unmittelbar nach dieser Übung gingen wir in der Hamburger Innenstadt über eine Brücke – was zuvor nur mit Schweißausbrüchen möglich war.

Mit Wörtern Sicherheit schaffen

Jürgen, ein Patient mit Flugangst, verzauberte mit der gleichen Methode das Wort »Geschwindigkeit«: »Ich habe immer ein Gefühl von Instabilität und höre ein blitzschnell sausendes Geräusch vor dem inneren Ohr, wenn dieses Wort fällt« fiel ihm bei der Wortstrukturanalyse auf. »Von wo nach wo saust der Klang?« fragte ich. »Von links nach rechts«. Jürgen gestaltete das Wort nun so solide und verlässlich, dass seine Angst bei diesem Anblick verschwand. Zusätzlich ließ er das Geschwindigkeitsgeräusch von rechts nach links, quasi rückwärts, klingen. »Ich kann es nur so beschreiben: Das Geräusch so herum vorgestellt macht mir den Kopf klar und vertreibt auch noch die letzte Angstspur.«

Sehr oft tritt die befreiende Wirkung von Magic Words spontan ein. Sie sollten Ihrem Gehirn aber auf jeden Fall zwei bis drei Wochen Zeit lassen, um auf diesen neuen Impuls zuverlässig mit einer positiven Körperantwort zu reagieren.

Wenn Sie ein Stresswort dingfest gemacht haben, können Sie es mit Hilfe der Magic-Words-Methode »verzaubern«. Gestalten Sie sein Erscheinungsbild so um, dass es eine positive Reaktion hervorruft.

Der Wortzauber in der Praxis

So arbeiten Sie mit Magic Words

Wenn Sie die Magic-Words-Methode bei sich selbst erproben möchten, sollten Sie zunächst eine »Angstwortliste« erstellen. Notieren Sie mindestens drei Schlüsselwörter, die mit Ihrem Angstthema zu tun haben. Hier das Beispiel einer Angstwortliste zum Thema »Prüfungsangst«:

- Prüfung
- Fach
- Name des Lehrers
- Lernen
- Zensur

Verzaubern Sie dann nacheinander jedes Schlüsselwort auf die geschilderte Weise. Malen Sie die neue Version vielleicht sogar auf, oder sprechen Sie sie mit einer positiven Stimme auf eine Kassette. Vielleicht kneten Sie die Wörter auch aus bunter Knetmasse, oder legen Sie sie einmal mit Wattebäuschchen hin, was gerade bei angstbesetzten Wörtern eine nicht zu unterschätzende Wirkung hat. Lesen Sie im Folgenden nochmals die einzelnen Übungsschritte der Magic-Words-Methode.

Wann immer man aus Problemen ausbrechen will und neue Lösungen finden muss, ist ein Umdenken erforderlich, sei es in Bezug auf sich selbst, auf andere Menschen oder auf die Umwelt. Man muss etwas anders machen als zuvor.

ÜBUNG Schritt für Schritt freier von Ängsten

1 Erstellen Sie zu Ihrem persönlichen Angstthema eine Liste mit den wichtigsten Schlüsselwörtern. Ordnen Sie diese nach Intensität: Das Wort, das Sie am meisten einschränkt, steht an erster Stelle usw.

2 Denken Sie nun an das erste Wort, und führen Sie den Body-Scan durch: Welcher Punktzahl auf der SSU-Liste entspricht das unangenehme Empfinden bei diesem Wort?

3 Machen Sie eine Wortstrukturanalyse: Wie sehen Sie dieses Wort geschrieben vor dem geistigen Auge? Wie hört es sich an?

4 Erschaffen Sie jetzt für dieses Wort eine neue Sinneserfahrung:
- Wie soll es geschrieben sein?
- Wie soll es sich anhören?
- Wie soll es sich vielleicht anfühlen?
- Sonstige Besonderheiten?

Die Angst bewältigen

5 Wenn die unangenehme Empfindung nachlässt, machen Sie angesichts der neuen Sinnesversion wieder den Body-Scan: Um wie viele Punkte hat sich der Wert subjektiv verbessert?

6 Wenn Ihnen die Wirkung noch nicht stark genug ist, suchen Sie weiter in der Ideenliste nach positiv verstärkenden Veränderungen.

7 Ist die Wirkung ausreichend positiv (maximal noch −2 Punkte auf der SSU-Skala), schaffen Sie sich verschiedene Impulse, die Sie in den nächsten 14 Tagen an dieses Magic Word erinnern können:

- Aufkleber
- Ein Bild, auf dem Sie Ihr Magic Word darstellen
- Sonstige Erinnerungsanker, wie etwa ein Kugelschreiber oder ein Schmuckstück

8 Widmen Sie jetzt Ihre Aufmerksamkeit den anderen Angstwörtern auf der Liste.

- Haben sich einige durch die erste Intervention mitverbessert? Wenn ja, müssen diese Wörter nicht mehr verändert werden.
- Die anderen Wörter verwandeln Sie bitte noch.

> Lernen Sie, zwischen verschiedenen Wahrnehmungsarten zu wechseln. Mit etwas Übung können Sie durchaus Herr über Ihre Gefühle werden und müssen sich ihnen nicht hilflos ausgeliefert fühlen.

Den Überblick behalten

Angstreduktion durch den Blick von außen

Jeder Mensch hat – bewusst oder unbewusst – eine ungefähre Vorstellung davon, wie er aussieht. Wir sehen uns täglich ein paar Minuten im Spiegel und ab und zu auf Fotos oder Videos. Bitte schließen Sie jetzt einmal kurz die Augen, und stellen Sie sich vor, wie Sie in diesem Moment auf andere Menschen wirken würden: sitzend, hier im Raum. Wenn Sie sich jetzt innerlich mit den Augen eines anderen sehen, haben Sie eine dissoziierte Wahrnehmung der eigenen Person. Sie können aber auch wieder »in sich hineinschlüpfen« und die Perspektive des Beteiligten annehmen – Ihre eigenen Augen sind dann sozusagen die Kamera. Wenn Sie in der Wahrnehmung also »in sich selbst« sind, haben Sie eine assoziierte Wahrnehmung der eigenen Person.

Die Perspektive wechseln

Mentalexperiment – Fahrt mit der Achterbahn

• Jeder hat eine Vorstellung davon, wie eine Fahrt mit der Achterbahn ist. Stellen Sie sich bitte einmal vor, Sie gehen über einen Jahrmarkt und stehen plötzlich vor der Achterbahn. Sie nähern sich ein wenig und schauen den Achterbahnfahrern zu. Stellen Sie sich nun einmal vor, Sie würden sich selbst aus dieser Perspektive – also mit den Augen eines außenstehenden Betrachters – dort vorn in der Schlange stehen sehen. Die Person, die Sie in der dissoziierten Wahrnehmung an Ihrer Stelle dort vorn stehen sehen, nennen wir einmal Person X. Sie beobachten nun also, wie die Person X in einen der Wagen einsteigt. Der Wagen fährt langsam an, und die Fahrt geht los, während Sie, der Betrachter, von unten aus zusehen. Der Wagen erklimmt die Steigung, und die Person X wird aus Ihrer Sicht immer kleiner. Jetzt ist der Wagen oben angekommen. Er fährt eine kleine Kurve und steuert auf die erste Talfahrt zu. Sie sehen, wie der Wagen ganz schnell hinuntersaust. Die Fahrt geht noch weiter, und irgendwann ist der Wagen wieder am Ausgangspunkt angekommen. So weit, so gut.

• Beim zweiten Durchgang sind Sie nicht mehr die Person X, die Sie relativ unbeteiligt aus der Ferne betrachten, sondern Sie setzen sich selbst – also in assoziierter Wahrnehmung – in den Achterbahnwagen. Sie spüren deutlich den harten Kunststoffsitz und das kalte Metall der Griffe. Jetzt gibt es einen kleinen Ruck, und die Fahrt geht los. Der Wagen klettert langsam die Steigung hoch, Sie hören ein lautes Klacken und spüren, wie Sie durch den steilen Anstieg gegen die Rückenlehne gepresst werden. Sie schauen nach oben – die Welt scheint dort zu Ende zu sein. Nun ist der Wagen oben angekommen, und Sie fahren hoch über der Kirmes eine kleine Kurve. Sie steuern direkt auf den Abgrund zu, Ihr Puls beschleunigt sich, Sie holen tief Luft, stützen sich ab und drücken die Arme durch, ein Blick in die Tiefe, und – huuii – Sie sausen hinab. Die Fahrt geht noch eine Weile weiter und ist dann irgendwann zu Ende.

Die dissoziierte Wahrnehmung hat den Vorteil, dass man den Überblick behält: Man kann sich aus sicherem Abstand und ohne allzu große gefühlsmäßige Beteiligung in eine Situation hineindenken.

Die Angst bewältigen

Die Erlebnisqualität steuern

Sicher haben Sie bei diesem Mentalexperiment festgestellt, dass Sie in der zweiten Version viel intensivere Gefühle bei der Vorstellung der Achterbahnfahrt bekommen haben. Diese einfache Tatsache ist für viele Menschen die Grundlage für eine erfolgreiche Angstbewältigungsstrategie. Deswegen nennt man die dissoziierte Betrachtungsweise der eigenen Person auch Sicherheitsperspektive. Jeder Mensch, der in einer schwierigen Situation den Überblick behält, nimmt automatisch diese Sicherheitsperspektive ein. Vor allem in Situationen wie bei einem Zahnarztbesuch kann diese Dissoziationsstrategie Wunder wirken: Dissoziieren Sie sich, und sehen Sie zu, wie die Person X behandelt wird. Sagen Sie dabei zu sich selbst: »Ich befinde mich ja hier in der Sicherheitsperspektive.« Bei den meisten Menschen verringert diese Sichtweise Anspannung und Stress. Denken Sie aber daran, in einer angenehmen und schönen Lebenssituation wieder ganz bewusst die assoziierte Perspektive einzunehmen. Denn assoziiert kann man das Leben viel intensiver in seinen positiven Momenten genießen.

Für eine hohe Lebensqualität sind die assoziierte und die dissoziierte Sicht gleichermaßen von Bedeutung. Deshalb ist es nützlich zu lernen, wie man zwischen diesen beiden Wahrnehmungsarten hin und her wechseln kann.

ÜBUNG Die Sicherheitsperspektive

Auf diesen Überlegungen baut sich die folgende einfache Angstreduktionsübung auf. Sie ist besonders gut für Menschen mit einem lebhaften visuellen Vorstellungsvermögen geeignet.

1 Denken Sie bitte an eine Situation in der Vergangenheit, in der Sie Angst empfanden. Beginnen Sie als Einstieg in die Übung mit einer Situation mittlerer Schwierigkeit (höchstens –5 Punkte auf der SSU-Skala).

2 Lassen Sie diese Szene nicht genauso Revue passieren, wie sie sich damals abgespielt hat, sondern betrachten Sie das Geschehen mit den Augen eines Außenstehenden.

3 Nehmen Sie in Gedanken als Außenstehender Sprechkontakt mit der ängstlichen Person in der Szene auf. Sagen Sie ihr innerlich mit ruhiger Stimme: »Es ist alles in Ordnung, entspanne dich und atme ruhig.« Atmen Sie bei dieser Vorstellung tief und regelmäßig.

4 Wenn Sie die Szene wie einen Film bis zum Ende von außen gesehen haben, stoppen Sie die Erinnerung beim letzten Bild.
5 Nun lassen Sie den gesamten Film rückwärts laufen. Person X erlebt alles in umgekehrter Zeitrichtung, und Sie sehen von außen zu.
6 Wiederholen Sie diesen Vorgang nochmals vorwärts und rückwärts. Als letzten Durchlauf betrachten Sie nochmals alles vorwärts.
7 Spüren Sie, wie dieses Verfahren sich wohltuend auf das Körperecho auswirkt, das diese Erinnerung bei Ihnen auslöst.
8 Betrachten Sie aus dieser Sicherheitsperspektive möglichst viele Ihrer Angsterinnerungen. Schon nach drei Durchgängen spüren Sie die positive Wirkung auch »live«: Sie werden ganz automatisch auch in problematischen Situationen in die Sicherheitsperspektive gehen.

Die Umschalttechnik

Angst in positive Gefühle verwandeln

Es gibt wohl kaum eine Emotion, die im Körper so deutlich spürbar ist wie Angst. Das kommt daher, dass Angst eigentlich ein Körperaktivierungsprogramm ist. Jeder spürt seine Angstempfindungen an einer anderen Stelle: im Bauch, auf dem Brustkorb, im Rücken, in den Armen oder Beinen. Denken Sie nun an ein Erlebnis, bei dem Sie leichte bis mittlere Angst hatten (maximal –4 Punkte auf der SSU-Skala). Es ist wichtig, ein relativ harmloses Erlebnis auszusuchen, um die persönliche Angstreaktion besser kennen zu lernen. Bestimmen Sie, wie Sie es beim Body-Scan kennen gelernt haben, den Körperbereich, in dem sich die Angstreaktion am spürbarsten manifestiert. Wenn Sie zwischen zwei Bereichen schwanken, dann fragen Sie sich: Wenn einer der Bereiche eine Zehntelsekunde früher von der Angstreaktion betroffen wäre, welcher wäre das? Auf diese Weise finden Sie schnell Ihren Angstfokus. Interessanterweise haben diese Gefühle immer eine Bewegungsrichtung. Betrachten Sie die Beispiele im Kasten auf der folgenden Seite, und stellen Sie fest, welche Bewegung Ihr Angstgefühl in dem von Ihnen bestimmten Körperfokus hat.

Man kann Angstprobleme auch durch eine Veränderung der Perspektive auf Distanz halten, wenn an der Situation momentan mit anderen Mitteln nichts zu ändern ist. Die gedankliche Verkleinerung des Problems ist nur ein Beispiel dafür.

Die Angst bewältigen

> ### Bewegungsrichtungen von Angstgefühlen
>
> Finden Sie bitte für sich selbst heraus, welche Bewegungsrichtung auf Ihr Angstgefühl im Körperfokus zutrifft. Sollten mehrere Richtungen zutreffen, bestimmen Sie das am ehesten zutreffende Empfinden. Nach dieser Vorbereitung können Sie Ihre Angstempfindungen problemlos in positive oder neutrale Gefühle verwandeln.
>
> - Das Gefühl drückt mich nach hinten
> - Es »schubst« mich nach vorn
> - Die Angst drückt nach unten
> - Sie presst mich nach oben
> - Die Angst kreist links herum
> - Sie kreist rechts herum
> - Sie kreist vorn herum (vom Körper weg)
> - Sie kreist rückwärts
> - Das Gefühl bewegt sich waagerecht von links nach rechts
> - Es bewegt sich waagerecht von rechts nach links

ÜBUNG Angst in positive Gefühle verwandeln

1 Denken Sie an eine Situation, in der Sie »mittlere« Angst hatten (höchstens –4 Punkte auf der SSU-Skala).
2 Machen Sie den Body-Scan, und bestimmen Sie Ihren Körperfokus für die Angst.
3 Spüren Sie in sich hinein: Welche Richtung hat Ihr Angstgefühl?
4 Wenden Sie nun die Umschalttechnik an: Konzentrieren Sie sich auf die Gefühlsrichtung, und versuchen Sie dann, die Richtung mit der Kraft Ihrer Vorstellung in die entgegengesetzte Richtung zu drehen bzw. »umzuwandeln«:

- Aus rückwärts wird vorwärts
- Aus rechtsherum kreisend wird linksherum kreisend
- Aus niederdrückend wird aufsteigend usw.

Angst ist ein tief sitzendes Gefühl, das nur durch einen längeren Lernprozess überwunden werden kann. Der Lohn ist jedoch der Gewinn einer größeren Handlungsfähigkeit und die Sicherheit, kritische Situationen meistern zu können.

5 Lassen Sie sich mindestens fünf Minuten Zeit für den Umschaltprozess. Wenn Sie eine Zeit lang regelmäßig geübt haben, gelingt Ihnen das Umschalten schon in zehn Sekunden.

6 Spüren Sie nach, wie schnell das Angstgefühl durch das Umschalten zusammenschmilzt und sich in ein kaum noch unangenehmes, neutrales oder gar positives Körpererleben verwandelt.

7 Wenn Sie diese Übung eine Weile täglich durchlaufen haben, kann das Umschalten sogar zu einem automatischen Vorgang werden: Wann immer das Angstgefühl einsetzt, ist gleichzeitig damit der Impuls zum Umschalten gegeben.

Tarzan's Trick

Stärkende Thymusdrüsenstimulation

Sicher kennen Sie die Tarzanfilme: Bevor der Urwaldheld zu neuen Taten aufbrach, trommelte er sich mit beiden Händen auf die Brust und stieß den berühmten Tarzanschrei aus. Danach schwang er sich von Liane zu Liane und war offensichtlich völlig angstfrei. Wagen Sie ruhig einmal einen Versuch, diesem berühmten Vorbild nachzueifern. Dabei können Sie sich das Schreien und das Lianeschwingen ersparen. Wichtig ist vielmehr das Brusttrommeln: Tarzan steigert seine Kraft mit der so genannten Thymusdrüsenstimulation.

Nicht nur für das Wachstum wichtig

Die Thymusdrüse liegt hinter dem oberen Brustbein. Früher dachte man, dass sie nur bei Kindern in ihrer Funktion als Wachstumsdrüse ausgeprägt sei und beim Erwachsenen dann wieder zusammenschrumpfen würde. Diese Auffassung wurde in der jüngeren Medizingeschichte durch Erkenntnisse aus dem Vietnamkrieg infrage gestellt. Denn bei der Obduktion von Soldaten, die in gesundem Zustand gefallen waren, stellte man fest, dass sie eine ungewöhnlich große Thymusdrüse hatten. Die Thymus-

Die Thymusdrüse spielt nicht nur eine bedeutende Rolle bei allen Wachstumsprozessen, sie hat darüber hinaus auch großen Einfluss auf den Knochenstoffwechsel und auf das Immunsystem.

drüse war bei diesen Männern zwar proportional zum Körper gesehen kleiner als bei Kindern, aber dennoch deutlich ausgeprägt. Schließlich kam man darauf, dass man zuvor schlichtweg einem statistischen Irrtum aufgesessen war: Pathologie findet in der Regel im Krankenhaus statt. Dort untersucht man nur die Körper von Menschen, die an einer Krankheit verstorben sind. Demnach ist eine geschrumpfte Thymusdrüse eine Reaktion auf Stress und Krankheit.

Die Funktion der Thymusdrüse

Heute weiß man, dass die Thymusdrüse auch beim erwachsenen Menschen eine wichtige Aufgabe erfüllt. Sie sorgt für die Produktion von Immunzellen und spielt somit eine wichtige Rolle für die Aufrechterhaltung der körpereigenen Abwehr. Viele Menschen stimulieren ihre Thymusdrüse automatisch, wenn sie sich erschrecken: Sofort fährt die flache Hand zum oberen Brustkorb. Diese Bewegung hat jedoch keine Schutzfunktion, denn in diesem Fall würde die Hand weiche, empfindliche Stellen wie etwa den Magen, die Kehle oder das Herz schützen. Das Brustbein ist hingegen ein ausgesprochen stabiler Bereich unseres Brustkorbs. Wenn man diese Körperpartie durch Klopfen stimuliert, wird die dahinter gelegene Thymusdrüse stimuliert.

Es gibt zwar wissenschaftlich noch keine genaue Erklärung dafür, aber viele Angstpatienten haben schon davon profitiert: Die Stimulation der Thymusdrüse erzeugt ein subjektives Gefühl der Kräftigung.

Wie Sie die Thymusdrüse finden

Lokalisieren Sie zunächst einmal das V-förmige Zusammentreffen der Schlüsselbeine über dem Brustbein. Fahren Sie mit dem Finger langsam zur unteren Spitze dieses V. Von hier aus bewegen Sie den Finger noch 1,5 bis 2 Zentimeter weiter nach unten. Dort spüren Sie dann auf dem Brustbein eine zweite, viel flachere Vertiefung. Dies ist Ihr Stimulationspunkt. Die Stimulation erfolgt durch leichtes Klopfen mit der hohlen Faust. Durch das Klopfen wird das Brustbein in eine Vibration versetzt, die wiederum die Thymusdrüse anregt. Einigen Menschen ist dieses Klopfen etwas unangenehm. Sie können dann auch leicht mit zwei Fingern klopfen oder den Punkt etwas fester kreisförmig massieren. Regelmäßiges Stimulieren führt zu einem subjektiven Kräftigungsgefühl im ganzen Körper. Außerdem unterstützt es eine fließende Bauchatmung, was eine äußerst wirksame Prävention für die Entstehung von Angstgefühlen ist.

ÜBUNG   Thymusdrüsenstimulation

1 Beginnen Sie nun mit der Thymusdrüsenstimulation. Finden Sie einen »Klopfstil«, der Ihnen angenehm ist.
2 Klopfen Sie so lange, bis Sie das automatische Bedürfnis verspüren, ganz tief durchzuatmen. Atmen Sie bitte nicht gewollt tief durch, sondern klopfen Sie so lange, bis Ihr Körper ganz von allein dieses Bedürfnis entwickelt. Oft stellt sich dieser Impuls schon nach einer Minute ein. Das tiefe Durchatmen ist gleichzeitig ein idealer Angstlöser und steht Ihnen immer sehr schnell zur Verfügung.
3 Versuchen Sie ab sofort, mehrmals täglich etwa drei Minuten lang die Thymusdrüse zu stimulieren – das entspricht vom Aufwand her dem Zähneputzen. Klopfen Sie immer so lange, bis sich der Atemimpuls einstellt. Häufiges Klopfen ist besser als langes Klopfen.
4 Auch bei dieser Übung sei nochmals darauf hingewiesen, dass Sie auch in Zeiten der inneren Sicherheit die Thymusdrüse stimulieren sollten. So harmonisieren Sie vorsorglich Ihr Grunderregungsniveau und werden weniger reizempfindlich.

Den Drachen zähmen

Obwohl es sich bei Ängsten eigentlich um körperliche Gefühle handelt, tun wir in unserer Sprache immer wieder so, als sei Angst ein Ding oder Wesen. Man spricht von Angst »haben« und nicht etwa von Angst »fühlen« und sagt, dass die Angst »im Nacken sitzt«. Die alten Chinesen haben in ihrer Theaterkunst diese Bildsprache zum Thema »Gefühle« wortwörtlich umgesetzt. Sie schrieben Theaterstücke, in denen die Schauspieler nicht lebendige Menschen darstellten, sondern auf eher abstrakte Weise die Regungen in der Seelenlandschaft eines Menschen wiedergaben. Bei-

Menschen, die unter Angststörungen leiden, klagen häufig über Atemnot. Sie atmen zu rasch und zu flach. Die Stimulation der Thymusdrüse unterstützt eine entspannende Tiefenatmung.

Die Angst bewältigen

Sie können sich leichter mit Ihrem »Angstdrachen« anfreunden, wenn Sie ihm positive Züge verleihen. Die chinesische Kultur, in der der Drache ein Glückssymbol ist, kann Ihnen dabei als Vorbild dienen.

Versuchen Sie, mit Ihrer Angst in einen freundlichen inneren Dialog zu treten: Verdrängen Sie Ihr Problem nicht, sondern lassen Sie es auf sich zukommen, und nehmen Sie es an.

spielsweise wurde das schlechte Gewissen von einem Schauspieler im schwarzen Umhang verkörpert, die Lebensfreude durch einen Schauspieler in bunten Gewändern usw. Auch in der westlichen Theaterkunst ist es gebräuchlich, natürliche und andere Phänomene zu verkörpern: So gibt es Stücke, in denen der Frühling als Figur vorkommt.

Angst – ein etwas rüpelhafter Bodyguard

Wenn Sie selbst eine gute visuelle Vorstellungskraft besitzen, können Sie diese alte Theatertradition zur Angstreduktion einsetzen. Dazu benötigen Sie allerdings noch ein paar »Regieanweisungen«. Erinnern Sie sich nochmals daran, was Sie am Anfang dieses Buchs gelesen haben: Angst ist ein angeborenes Schutzprogramm des Menschen. Tritt sie dann in der heutigen zivilisierten Gesellschaft auf, erschrecken wir in unserer »Wildnisunerfahrenheit« vor der Heftigkeit dieser Gefühle.

Wenn die Angst also in Ihrer Vorstellung ein »Jemand« ist, dann meint dieser Jemand es gut mit Ihnen und möchte Sie beschützen. Allerdings ist er dabei manchmal etwas heftig und ungeschickt, so dass Sie immer wieder über sein plötzliches Auftauchen erschrecken.

Das Bild vom freundlichen Drachen

Der Kinderbuchautor Michael Ende hat die Figur des Drachen Nepomuk entwickelt. Nepomuk ist im Grunde seiner Seele herzensgut, gibt sich aber alle Mühe, ein richtiger Drachen zu sein: Er spuckt Feuer, rülpst laut und »badet« in Kohlen. Nehmen Sie Nepomuk als Ideenvorlage für Ihren inneren »Angstdrachen«: ein Wesen, das nur Gutes tun möchte – nämlich Sie schützen –, aber dabei leider etwas plump und ungeschickt vorgeht. Es sprüht einfach zu viel Feuer und zischt zu laut. Wenn Sie diese Rollenbeschreibung visuell umgesetzt haben, können Sie in einen angstberuhigenden inneren Dialog mit Ihrem Nepomuk gehen.

ÜBUNG Sich mit der Angst anfreunden

1 Machen Sie sich ein Bild von Ihrem persönlichen Angstdrachen. Geben Sie ihm auch einen Namen, wie beispielsweise »Nepomuk« (dieser Name wird jetzt in der Übung verwendet – Sie setzen dann bitte den Namen Ihres Angstdrachens ein).
2 Würdigen Sie zunächst die Arbeit dieses Beschützers: »Es ist toll, dass du dich für meine Sicherheit zuständig fühlst.«
3 Sagen Sie dann: »Aber weißt du eigentlich, dass dein Einschreiten mich immer fürchterlich erschreckt? Du übertreibst einfach! Ein paar dezentere Signale würden völlig reichen, damit ich mich vorsichtig verhalte. So aber kann ich vor Schreck meist gar nicht mehr klar denken«.
4 Stellen Sie sich bildlich vor, wie Nepomuk sich dieses »Feedback« durch den Kopf gehen lässt.
5 Vereinbaren Sie ein paar sanftere Schutzsignale: beispielsweise keine zischende Stichflamme mehr, sondern ein paar Warnwölkchen durch die Nasenlöcher und ein freundliches »Achtung – pass jetzt lieber auf!«
6 Wenn Sie diesen Kontakt regelmäßig pflegen, können Sie Nepomuk auch gezielt ansprechen, wenn ein Angstgefühl in Ihnen hochsteigt: »Ach Nepomuk, da bist du ja wieder. Du kannst dich beruhigen, dein Signal ist angekommen. Ich verhalte mich vorsichtig, und du achtest darauf, dass du dich ein bisschen behutsamer mir gegenüber benimmst.«

Positive Bilder können Sie bei der Angstbewältigung wirksam unterstützen. Malen Sie sich diese Bilder so lebhaft wie möglich aus, und spüren Sie dabei in Ihren Körper hinein, während Sie tief ein- und ausatmen.

Weitere Hilfen gegen Ängste

Verständnisvolle Freunde und Familienangehörige können für Angstpatienten eine große Hilfe sein.

Angst ist häufig ein Hinweis auf ein seelisch noch unverarbeitetes Problem. Sie verlangt von uns die Auseinandersetzung und bietet uns dafür die Chance, neue Züge an uns zu entdecken.

Dieses Buch stellt Ihnen eine Reihe von Selbsthilfeansätzen im Bereich des mentalen Selbstmanagements vor. Darüber hinaus gibt es selbstverständlich noch eine ganze Reihe weiterer sinnvoller Hilfen gegen Ängste. Grundsätzlich gilt dafür die folgende Regel: Kombinationstherapien sind den so genannten Monotherapien von der Wirkung her überlegen. Wenn Ihnen jemand verspricht, dass Sie einzig und allein durch eine Ernährungsumstellung oder durch ein bestimmtes Medikament oder allein durch Psychotherapie Erfolg haben werden, dann sollten Sie skeptisch reagieren. Denn es hat sich herausgestellt, dass so genannte interdisziplinäre Konzepte, bei denen all diese Verfahren gleichzeitig eingesetzt werden, die besten Effekte erzielen. Ein »Nacheinander« der verschiedenen Möglichkeiten birgt sogar die Gefahr der Entmutigung, weil man immer wieder von vorn anfängt.

Sich mit der Angst auseinander setzen

Über eines sollten Sie sich im Klaren sein: Ängste klingen in den seltensten Fällen ganz von selbst wieder ab. Depressionen haben einen völlig anderen Verlauf: Es kommt vor, dass sie so plötzlich wieder verschwinden, wie sie gekommen sind. Menschen, die ihre Ängste erfolgreich überwinden, haben sich meistens mit dem Thema »Angst« aktiv auseinander gesetzt: sei es durch Selbstmanagement, durch eine grundlegende Veränderung der Lebensumstände, durch das Erlernen angstmindernder Gedankentechniken oder durch eine Umstellung im Gesundheitsverhalten. Vor allem scheint es wichtig zu sein, der Angst keinen Raum zu lassen. Nur wer sich immer wieder hinauswagt und angstbesetzte Situationen durchsteht, kann seine ursprüngliche Lebensqualität wiedererlangen.

Um die Angst in den Griff zu bekommen, ist vor allem eine Erkenntnis wichtig: Angst haben bedeutet nur selten, dass eine Situation auch wirklich gefährlich ist. Wer das verstanden hat, kann seine Angst aushalten und sich trotzdem frei bewegen. Angstgefühle sind zwar nicht besonders angenehm, aber es gibt keinen Grund, deswegen seine Freiheit aufzugeben und ein Leben in Isolation zu führen. Nur wer aktiv etwas gegen seine Ängste unternimmt, gewinnt seine innere Freiheit zurück.

Professionelle Hilfe suchen

Bei allen Möglichkeiten der Selbsttherapie sollten Sie es nicht versäumen, bei Angstproblemen rechtzeitig professionelle Hilfe in Anspruch zu nehmen. Gemeint ist damit vor allem eine fachkundige Psychotherapie, die Ihre übermäßige Angstbereitschaft an der Wurzel behandelt. Schon wenn Sie es länger als ein halbes Jahr nicht schaffen, Ihre Ängste aus eigener Kraft zu bewältigen, sollten Sie einen Psychotherapeuten aufsuchen. Neuere Forschungen haben gezeigt, dass die modernen Therapieformen sehr gut in der Lage sind, Ängste abzubauen. Dabei haben sich Verfahren der so genannten Kurzzeitpsychotherapie als besonders wirksam erwiesen. Sie sind so angelegt, dass sie schnell praktische Lebenshilfe für den Alltag geben. Langzeitverfahren wie beispielsweise die Psychoanalyse sind für die Behandlung eines Angstproblems meist zu aufwändig.

Viele Menschen schrecken vor einer Psychotherapie zurück, weil sie es für ein Eingeständnis von Schwäche halten, einen Psychologen aufzusuchen. Das Gegenteil ist jedoch der Fall.

Die Verhaltenstherapie

Sie gehört zu den Kurzzeitverfahren, die experimentell am besten erforscht sind, und zeigt besonders bei Angstproblemen gute Erfolge. Eine sehr bekannte Technik ist das so genannte Flooding: Ein Therapeut begleitet den Angstpatienten in der Situation, die ihm am meisten Angst macht, und hilft ihm, diese durchzustehen. Die Verhaltenstherapie wird grundsätzlich von den Krankenkassen bezahlt. Adressen von anerkannten Therapeuten halten die Krankenkasse oder die für den jeweiligen Wohnbereich zuständige Ärztekammer bereit.

Weitere Hilfen gegen Ängste

Neurolinguistisches Programmieren

Dieses Verfahren wurde bereits auf Seite 54 erwähnt. Es eignet sich besonders gut zur Behandlung von Phobien und zur erfolgreichen Behandlung dramatischer Gedankenvorstellungen wie etwa der Angst vor einem Weltuntergang. Manchmal können schon nach fünf Sitzungen spürbare Erfolge eintreten. Sollten Sie sich für diese Methode interessieren, erkundigen Sie sich bei den auf Seite 95 genannten Adressen nach kompetenten Therapeuten in Ihrer Nähe. Die Krankenkassen bezahlen dieses Verfahren leider nicht.

Eye Movement Desensitization and Reprocessing

Hierbei handelt es sich um ein relativ neues Verfahren, das vor allem bei so genannten posttraumatischen Belastungsstörungen erstaunlich gute Erfolge erzielt. Patienten, deren Ängste sich nach einem schwer wiegenden Seelentrauma eingestellt haben (Unfall, Tod eines nahe stehenden Menschen, Naturkatastrophe, Kündigung usw.), sollten sich mit dieser Methode behandeln lassen. Konfrontationstherapien wie beispielsweise das Flooding sind in solchen Fällen eher zu vermeiden. Eye Movement Desensitization and Reprocessing (EMDR) wird nur in begründeten Einzelfällen von den Krankenkassen bezahlt.

Klinische Hypnose

Dieses Verfahren wirkt ebenfalls in vielen Fällen angstreduzierend. Heutzutage ist fast jeder Psychotherapeut in klinischer Hypnose ausgebildet, und auch eine ganze Reihe von Zahnärzten erlernen Hypnosetechniken, um ihren Patienten die Angst vor einer Behandlung zu nehmen. Es gibt Fachgesellschaften für klinische Hypnose, die Adressen von gut ausgebildeten Therapeuten bereithalten. Auch die Ärztekammern erteilen Auskunft darüber, welche Psychotherapeuten dieses Verfahren verantwortungsvoll und professionell einsetzen und welche dieser Anwender mit den Krankenkassen abrechnen können.

Nehmen Sie sich genügend Zeit, um den für Sie geeigneten Therapeuten zu finden. Denn eine vertrauensvolle Beziehung zwischen Therapeut und Klient ist von grundlegender Bedeutung für den Therapieerfolg.

Das Thema »Medikamente«

Wie Sie sicherlich wissen, nennt man Medikamente, die die Psyche beeinflussen, Psychopharmaka. Hier gibt es eine Reihe von Untergruppen, die weltweit bei Ängsten eingesetzt werden. Bevor jedoch der sinnvolle Einsatz von Psychopharmaka zur Sprache kommt, soll vor einer dieser Gruppen ganz ausdrücklich gewarnt werden: den so genannten Benzodiazepinen und deren Abkömmlingen, die als Benzodiazepinderivate bezeichnet werden. Diese Medikamente nennt man Tranquilizer, abgeleitet von dem lateinischen Wort für beruhigen: »tranquillare«. Als bekannte Medikamentennamen sind hier beispielsweise »Valium« und »Librium« zu nennen. Andere Benzodiazepinpräparate werden auch als Schlafmittel – so genannte Hypnotika – angeboten.

Medikamente können zwar vorübergehend die Angst eindämmen, sie aber nicht dauerhaft beseitigen. Die eigentlichen Ursachen der Angst bleiben unterschwellig bestehen.

Drohende Suchtgefahr

Diese Medikamente haben eine wunderbar angstlösende Wirkung, weshalb es sehr verführerisch ist, sie einzunehmen. Ihr großer Nachteil: Sie machen schon nach kurzer regelmäßiger Einnahme süchtig. Wenn man dann die Dosis reduziert, führt dies zu äußerst unangenehmen Nebenwirkungen. Mit den Entzugserscheinungen gehen starke innere Unruhe und Ängste einher, die nur mit einer weiteren Pille in den Griff zu bekommen sind. Schon nach kurzer Zeit ist nicht mehr auseinander zu halten, ob die Angststörungen psychischer Natur oder eine rein körperliche Entzugserscheinung sind.

Verhinderung von Traumphasen

Die Schlafmittel dieser Medikamentengruppe haben eine ähnlich verheerende Wirkung: Obwohl sie müde machen, verursachen sie keinesfalls den erholsamen Schlaf, den wir für unser seelisches Gleichgewicht so dringend benötigen. Vor allem verhindern diese Medikamente den Traumschlaf, in dem wir den größten Teil unserer täglichen seelischen Eindrücke verarbeiten. Nicht umsonst heißt es: »Schlaf erst einmal eine

Weitere Hilfen gegen Ängste

Problematisch bei der allzu freizügigen Verwendung von Psychopharmaka sind die Gefahr der Abhängigkeit, eventuelle Beschwerden durch Nebenwirkungen und die Lähmung des Bewusstseins.

Nacht darüber, morgen sieht die Welt schon wieder ganz anders aus.« Nach einem Schlafmittelschlaf sieht am nächsten Morgen alles genauso schlimm aus wie am Tag zuvor – Grund genug, sich wieder nach der nächsten angstlösenden Pille zu sehnen. Eigentlich sollte man hier statt von Schlaf viel eher von Betäubung sprechen.

Einsatz nur in Ausnahmefällen

Es gibt nur einen ganz eingeschränkten Rahmen, in dem der Einsatz derartiger Mittel gerechtfertigt ist: einmalige Ereignisse von großer persönlicher Bedeutung oder Wichtigkeit. Sollten Sie beispielsweise vor einer wichtigen Prüfung nicht zur Ruhe kommen, könnte man die einmalige Einnahme eines solchen Medikaments vertreten. Auch wenn Sie sich trotz großer Flugangst für eine einmalige Amerikareise entschieden haben, dürfen Sie ein solches Medikament zur Sicherheit beim Flug dabei haben. Doch schon wenn Sie berufsbedingt häufiger fliegen müssen, kann aus einer einmaligen Strategie schnell eine Gewohnheit werden, die dann schleichend in eine Sucht übergeht. Gehen Sie grundsätzlich also sehr vorsichtig mit solchen Medikamenten um, und suchen Sie nicht nach einer Angstbetäubung, sondern nach einer Angstbewältigung aus eigener innerer Kraft.

Antidepressiva gegen Angst

Es gibt noch eine weitere Medikamentengruppe, die angstlösend wirkt: die so genannten Antidepressiva. Leider ist man als Laie zu glauben versucht, dass diese Mittel nur bei Depressionen geeignet sind – was jedoch überhaupt nicht stimmt. Antidepressiva werden heutzutage sogar erfolgreich zur Schmerzbehandlung eingesetzt – und zwar unabhängig davon, ob der Schmerzpatient unter Depressionen leidet oder nicht. Sie sind nämlich sehr gut geeignet, das weiter vorn beschriebene Grunderregungsniveau, das so genannte Arousal, zu normalisieren. Interessant ist dabei, dass Antidepressiva nicht sofort nach der Einnahme wirken. Man muss diese Medikamente ein oder zwei Wochen lang einnehmen, bevor die angstlösende Wirkung eintritt. Bis vor kurzem konnte man nicht erklären, woran das liegt. Inzwischen hat man herausgefunden, dass die Wirkstoffe selbst gar keine unmittelbare depressionslindernde oder angstlösende Wirkung haben. Sie kurbeln vielmehr im Gehirn die Produktion von körpereigenen »Tranquilizern« an, und es dauert eben ein bis zwei Wochen, bis die körpereigenen Fabriken für angstlindernde Nervenbotenstoffe wieder richtig arbeiten. Finden Sie gemeinsam mit Ihrem Arzt heraus, welches dieser Mittel Ihnen besonders gut hilft. Hervorzuheben sind die so genannten Serotoninantagonisten, die die Stimmung heben, selten müde machen und auch von der Wirkung her meist »gewichtsfreundlich« sind.

Das individuell geeignete Medikament finden

Man kann nie genau voraussagen, welches Antidepressivum jeweils für einen Patienten geeignet ist. Das liegt daran, dass jeder Organismus ganz individuell auf jegliche Form von Medikamenten reagiert. So benötigt beispielsweise eine 20-jährige Frau mit einem Körpergewicht von 50 Kilogramm zwei Aspirin, um ihre Kopfschmerzen loszuwerden, wogegen ein 25-jähriger 120 Kilogramm schwerer Bodybuilder die gleiche Wirkung schon nach einer Tablette erlebt. Bis heute wurde noch keine befriedigende Erklärung dafür gefunden, wie derartige Unterschiede zustande kommen. Medikamente müssen also immer auf ihre individuelle Verträglichkeit hin getestet werden. Ob man das geeignete Medikament gefunden hat, weiß man mit absoluter Sicherheit erst nach ein bis zwei Wochen: Die positive Wirkung ist dann deutlich spürbar.

Es kann einige Wochen dauern, bis ein Antidepressivum die ersten Wirkungen zeigt. Zur Medikamentenabhängigkeit führt die Einnahme eines solchen Mittels jedoch nicht.

Neuroleptika bei körperlichen Symptomen

Einigen Angstpatienten helfen auch so genannte Neuroleptika, wie beispielsweise die »Depotspritze« Imap. Es gilt die weit verbreitete Meinung, dass Neuroleptika gegenüber Antidepressiva die »nächstschwerere« Medikamentensorte sei. Diese Annahme ist aber völlig falsch. Neuroleptika sind wiederum eine ganz andere Medikamentengruppe und dabei keinesfalls die »nächsthöhere« Stufe. Es gibt leichte und schwere Neuroleptika, genauso wie leichte und schwere Antidepressiva. Leichte Neuroleptika sind angebracht, wenn die Ängste mit einer Vielzahl von körperlichen Symptomen einhergehen, wie beispielsweise Magen- oder Kopfschmerzen. Solche Symptome können durch diese Medikamentengruppe besser gelindert werden als durch ein Antidepressivum. Neuroleptika wirken schnell und können auch dementsprechend schnell wieder abgesetzt werden – was bei allen Psychopharmaka das Ziel sein sollte.

Medikamente sollten nur in Notfällen, mit zeitlicher Begrenzung und vor allem unter ständiger ärztlicher Kontrolle eingenommen werden. Eine längere Einnahme ist nur bei schweren Angststörungen berechtigt.

Wann Medikamente sinnvoll sind

Wenn Sie länger als ein halbes Jahr unter immer wiederkehrenden, einschränkenden Ängsten leiden, ist die Einnahme dieser Medikamente völlig angebracht. Ein erfahrener Psychiater sagte einmal zu diesem Thema: »Lieber ein ehrliches Antidepressivum als eine unehrliche Flasche Wein.« Damit spielte er ganz richtig auf die Tatsache an, dass viele Angstpatienten oft auch ein Alkohol- oder ein anderes Suchtproblem entwickeln, weil sie sich selbst nicht eingestehen können, dass sie eigentlich medizinische Hilfe benötigen.

Medikamente können Ängste eindämmen. Sie dämpfen aber auch die positiven Aspekte der Angst: die Warnfunktion und die Spannungssteigerung zur Überwindung von Schwierigkeiten und Gefahren.

Konsequente Einnahme ist wichtig

Wem eines dieser sinnvollen Psychopharmaka gegen seine Angststörungen hilft, der kann es bedenkenlos über ein paar Monate hinweg einnehmen. Diese Zeit dient der körperlichen und seelischen Erholung von der aufreibenden Zeit der ständigen Angst. Antidepressiva müssen beim Absetzen »ausgeschlichen« werden: Man darf sie auf keinen Fall von heute auf morgen absetzen, sondern sollte die Einnahme nach einem festen Zeitplan allmählich immer mehr reduzieren. Auch darf man Antidepressiva niemals nur nach Bedarf einnehmen – auch an guten, angstfreien Tagen muss die Behandlung fortgesetzt werden. Bei diesen Medikamenten gibt es nur ein »Ja« oder »Nein«: Man kann sie nicht nur »ein bisschen« nehmen, und wenn sie helfen sollen, ist eine ausreichende Dosierung sehr wichtig.

Psychopharmaka – Pro und Kontra

So manchem haben diese Medikamente schon eine seelische Talfahrt erspart. Arbeitskraft und Gesundheit können erhalten bleiben, weil sie vor einem Ausverkauf der Energiereserven schützen. Die gute Wirkung bleibt aber nur stabil, wenn in der Zeit der Medikamenteneinnahme auch eine Psychotherapie oder eine sonstige sinnvolle Form der Angst- und Lebensbewältigung stattfindet. Denn auch diese Mittel behandeln nicht die Angstursachen, sondern nur die Symptome. Teilweise wird noch die Meinung vertreten, dass eine Psychotherapie oder eine sinnvolle Angstbewältigung nur dann stattfinden kann, wenn die Patienten keine Psychopharmaka nehmen. Heute weiß man, dass dies völlig falsch ist. Gibt man Angstpatienten nämlich nur Pillen und nicht auch gleichzeitig neue »Seelennahrung«, erfährt die Pille eine viel zu hohe subjektive Bewertung durch den Patienten. Sie kann und darf nur als Krücke bei der Angstsymptomatik gesehen werden – niemals als die eigentliche Therapie. Schätzt man aber die Bedeutung der Medikamente realistisch ein, so können sie in schweren Fällen Menschen sogar erst wieder fähig für eine Psychotherapie machen, die dann nachhaltig zur Angstbewältigung führt.

> Die Einnahme von Medikamenten kann neben den erwähnten Risiken auch Chancen bergen: Manchmal ermöglicht ihre angstlösende Wirkung erst die Kontaktaufnahme mit einem Psychotherapeuten.

Weitere Hilfen gegen Ängste

Lassen Sie sich bei der Medikamentenfrage unbedingt von einem Facharzt für Neurologie und Psychiatrie beraten. Nur diese Mediziner haben eine entsprechend fundierte Erfahrung mit Psychopharmaka. Die meisten Psychopharmaka werden heutzutage aber von Allgemeinärzten und Internisten verschrieben, was nur bedingt empfehlenswert ist. Psychopharmaka sind nur als vorübergehende Hilfe sinnvoll. Weltweite Studien zeigen in beeindruckener Deutlichkeit, dass letztendlich nur die mentale Umstrukturierung, also die Arbeit an unseren Gedanken und Einstellungen, dauerhaft gegen übermäßige Ängste wirkt.

Angstsymptome wurden bisher hauptsächlich mit Psychopharmaka behandelt. Inzwischen weiß man, dass man auch mit sanften Naturheilmitteln erfolgreich gegen Angstprobleme angehen kann.

Bewährte Naturheilmittel

Schon in der Antike waren den Menschen Heilkräuter bekannt, die eine wohltuende Wirkung auf die Psyche ausüben. Im Altertum verbreitete sich dann auch in unseren Breiten die Wissenschaft der Pflanzenheilkunde. So sind Erfahrungen mit angstlösenden pflanzlichen Wirkstoffen jahrhundertealt. Im Zeitalter der Chemie schien dieses alte Wissen vorübergehend vergessen zu sein. Heute verschreiben viele Ärzte wieder Naturheilmittel, bevor sie chemische Präparate zur Behandlung von Angstsymptomen einsetzen. Früher wurden die Wirkstoffe dieser Pflanzen oft als Getränk, Tinktur oder Kräuterkissen verwendet. Heutzutage sind alle Wirkstoffe dieser Naturheilmittel auch in Pillenform erhältlich. Bei ihrer Herstellung spielt die fachgerechte und schonende Verwertung der Pflanzen eine wichtige Rolle. Nur dann entfalten die Pillen ihre positive, angstlindernde Wirkung.

Anregung körpereigener Heilprozesse

Der Vorteil dieser natürlichen Präparate liegt in der stofflichen Unterstützung körpereigener heilsamer Prozesse. Sie beruhigen, ohne zu betäuben, machen zufrieden, ohne zu erschöpfen, und hellen die Stimmung auf, ohne aufzuputschen. Die Pflanzenwirkstoffe machen weder abhängig, noch haben sie unangenehme Nebenwirkungen wie beispielsweise ein

Entzugs- oder Katergefühl. Neuere Untersuchungen haben gezeigt, dass warme Bäder mit entsprechenden Pflanzenzusätzen deutlich nachhaltiger beruhigen als Bäder mit reinem Leitungswasser. Auch bei diesen Naturheilmitteln müssen Sie selbst herausfinden, welches Ihnen persönlich am besten hilft.

Mit verschiedenen Mitteln experimentieren

Diese natürlichen Stoffe entfalten ihre angstlindernde Wirkung erst nach mehrwöchiger regelmäßiger Einnahme, was wiederum ein Hinweis darauf ist, dass hier körpereigene Heilprozesse angeregt werden. Sie müssen also beim Experimentieren etwas Geduld aufbringen. Das Schlimmste, was Ihnen dabei passieren kann, ist, dass ein Mittel nicht wirkt. Nie oder selten werden Sie mit unangenehmen Nebenwirkungen zu kämpfen haben, was im Vergleich zu den chemischen Präparaten ein deutlicher Vorteil ist. Sogar Sportler greifen auf diese natürlichen Stimulanzien zurück, um ihre Leistungen zu steigern. Sie fühlen sich – ohne gedopt zu sein – innerlich gelassen und gleichzeitig angenehm wach und konzentriert, was eine optimale Voraussetzung für körperliche Höchstleistungen ist.
Auch bei den Naturheilmitteln müssen Sie das für Sie persönlich am besten geeignete Präparat herausfinden. Dazu benötigen Sie etwas Geduld, denn erst nach einer mehrtägigen Einnahme können Sie die positive Wirkung beurteilen. Bedenken Sie dabei nochmals, dass jeder Körper individuell auf Medikamente reagiert – auch auf Naturheilmittel.

Pflanzenwirkstoffe gegen die Angst

Im Rahmen dieses Buchs kann natürlich nur eine kleine Auswahl an Pflanzenheilmitteln präsentiert werden – es beschränkt sich daher auf vier bei Angstproblemen bewährte Phytopharmaka. Die vorgestellten Präparate finden beispielsweise auch in der klassischen Homöopathie Verwendung. Sollte diese Behandlungsform Sie näher interessieren, so finden Sie dazu eine Fülle von entsprechender Literatur, in der Ihre Fragen erschöpfend beantwortet werden.

> Die dämpfende Wirkung pflanzlicher Heilmittel auf Angstzustände konnte mittlerweile in zahlreichen Studien bewiesen werden. Selbst bei sehr starken Ängsten wurden bemerkenswerte Erfolge erzielt.

Weitere Hilfen gegen Ängste

Kava-Kava

Die Kava-Kava-Wurzel stammt von den Inseln der Südsee, wo man sie noch heute auf traditionelle Weise zubereitet: Sie wird zerkleinert gekaut oder mit kaltem Wasser vermischt und beim geselligen Beisammensein getrunken. In vielen Ritualen demonstriert sie die Bereitschaft zu Friedfertigkeit und Freundschaft. Die Missionare, die solche Rituale miterlebten, gaben der Pflanze wegen ihrer euphorisierenden Wirkung den Namen »Rauschpfeffer«. Die Kava-Kava-Wurzel hat jedoch keine drogenähnliche Wirkung. Sie bewirkt einen positiven Seelenzustand ohne gleichzeitigen Kontrollverlust – wie es beim Alkohol der Fall ist – und ohne irgendeine unangenehme Bewusstseinsveränderung. Daher gilt Kava-Kava auch in der modernen Naturheilkunde als idealer natürlicher Angstlöser. Die Wirkstoffe der Pflanze senken das Grunderregungsniveau und sorgen so für mehr Gelassenheit. Gleichzeitig machen sie aber wach und leistungsfähig. Und genau diese Wirkung ist für Menschen mit Angstproblemen enorm wichtig: Kava-Kava unterstützt den Impuls, am Leben aktiv teilzunehmen, und somit auch den Wunsch, die Angst zu bewältigen. Die Wurzel verleiht die Kraft, wieder voller Interesse auf das Leben zuzugehen. Kava-Kava kann Angstpatienten auf sanfte und natürliche Weise aus der Isolation befreien.

Die Wirkung von Kava-Kava geht auf die enthaltenen Pyrone zurück, die sich – ähnlich wie die Wirkstoffe des Johanniskrauts – in den Neurotransmitterhaushalt des Gehirns einschalten. Hoch dosiert können sie jedoch müde machen.

Baldrian und Melisse

Diese beiden Kräuter werden in unserer Kultur schon seit Jahrhunderten zur Beruhigung und zur Behandlung von Ängsten eingesetzt. Beide Pflanzen haben eine ausgleichende Wirkung auf die Psyche. Sie glätten »innere Wogen«, wobei Baldrian ganz besonders die Schlafbereitschaft fördert. Wenn man Baldrian als Einschlafhilfe benutzt, bleibt im Schlaf die wertvolle Traumphase erhalten, weswegen man morgens ganz besonders erholt aufwacht. Die Melisse ist nicht nur ein beliebtes Küchengewürz, das man noch heute in vielen Bauerngärten findet, sie wurde auch schon sehr früh gezielt gegen Nervosität, Melancholie, Schlafstörungen und Angstvorstellungen eingesetzt.

Beruhigende Heilpflanzen

Viele Angstpatienten leiden unter Schlafstörungen – was dazu führt, dass die Angst sich noch verstärkt. Es gibt jedoch bewährte Naturheilmittel, die diesem Problem schnell abhelfen.

Johanniskraut

Diese Pflanze ist überwiegend als Mittel gegen Depressionen im Gespräch. Leider wird viel zu wenig betont, dass Johanniskrautpräparate auch ausgezeichnet gegen Ängste helfen. Eine gute Wirkung entfalten sie vor allem bei Grübelei, Angstphantasien und Schlafstörungen, was für viele Angstpatienten eine enorme Hilfe ist. Zusätzlich sorgt das Mittel für das sprichwörtliche dicke Fell, das gelassen macht, ohne dass man gleichgültig wird. So werden Alltagsschwierigkeiten vom Nervensystem nicht gleich »hochgekocht«. Immer mehr Naturheilärzte therapieren die Ängste ihrer Patienten mit Hilfe von Nahrungsumstellung, Atem- und Entspannungsübungen, Bewegung sowie hochwertigen und hoch dosierten Johanniskrautpräparaten. Sie erzielen oftmals selbst dann noch Erfolge, wenn die Patienten bereits jahrelang erfolglos mit anderen Medikamenten behandelt wurden. Dieses Phänomen zeigt, dass ein durchdachtes Naturheilverfahren durchaus eine sinnvolle Behandlungsform von Angststörungen darstellen kann, wenn es mit einem guten Psychotherapieansatz kombiniert wird. Probieren Sie also auch bei Angstproblemen die Wirkungsweise dieser Pflanze auf Ihr seelisches Befinden aus.

Schon die alten Griechen wussten um die kräftigende Wirkung des Johanniskrauts auf das Nervensystem. Da es keine Nebenwirkungen aufweist, wird es heute auch von Schulmedizinern gegen Angststörungen eingesetzt.

Weitere Hilfen gegen Ängste

Stimmungsaufheller Serotonin

Johanniskraut enthält die beiden Flavonoide Querzitrin und Querzetin. Diese Wirkstoffe sorgen dafür, dass im Gehirn genügend Serotonin zum Einsatz kommt – und das hat eine ganze Reihe von positiven Auswirkungen. Serotonin ist ein körpereigener Wirkstoff, der für unser Nervensystem eine ganz besonders wichtige Rolle spielt. Der Neurotransmitter wird mitunter auch als Glückshormon bezeichnet, weil er für Wohlbefinden, Zufriedenheit und ein angenehmes Gefühl der Sättigung sorgt. Außerdem erleichtert er das Einschlafen und sorgt für die Freisetzung von schmerzlindernden Substanzen. Das Serotonin lässt die Welt in einem freundlicheren Licht erscheinen. Und viele Menschen scheinen eine derartige positive Kraft von innen zu benötigen, um das Leben genießen, sich im Alltag motivieren und auch in schwierigen Situationen neuen Lebensmut schöpfen zu können.

Mit Johanniskraut werden Ängste zwar nicht beseitigt, doch die Psyche von Angstpatienten kann stabilisiert werden. Die Heilpflanze eignet sich deshalb zur Unterstützung einer Psychotherapie.

Natürliches Antidepressivum

Schon vor über 20 Jahren fand man heraus, dass bei depressiven Patienten häufig auch eine verringerte Aktivität des Gute-Laune-Hormons Serotonin festzustellen ist. Diese Erkenntnis entfachte eine große Diskussion nach dem Motto: »Wer war zuerst da – die Henne oder das Ei?« Oder anders gesagt: »Sinkt zuerst der Serotoninspiegel und bewirkt so die Depression, oder ist es umgekehrt?« Leider spaltete diese Diskussion die Therapieszene in zwei konkurrierende Lager: Die einen glaubten, einzig und allein die Psychotherapie könne helfen, und die anderen waren sicher, dass nur Medikamente dazu in der Lage seien, den Serotoninspiegel zu beeinflussen. Heute tendiert man dazu, die Psyche von beiden Seiten her zu unterstützen. Seit einigen Jahren gibt es Antidepressiva, die vor allem für einen ausgeglichenen Serotoninspiegel sorgen: die so genannten Serotoninantagonisten. Unter dem Einfluss dieser Substanzen verändern sich die Erregungskurven im Gehirn: Schnellere Anteile verringern sich zugunsten langsamerer Erregungskurven – ein deutlicher Hinweis für Entspannung und einen ruhigeren Gedankenfluss.

Energieschub für das Gehirn

Die medizinische Fachwelt sollte das Staunen lernen, als es wenig später zu Vergleichsstudien zwischen diesen chemischen Antidepressiva und Johanniskrautpräparaten kam. Man fand nämlich heraus, dass Johanniskraut den Serotoninspiegel in gleichem Maß beeinflusst wie ein leichtes Antidepressivum der neueren Sorte. Somit wirkt Johanniskraut wie ein natürliches Antidepressivum, das den Gehirnstoffwechsel ohne Nebenwirkungen positiv unterstützt.

Die richtige Ernährung

Wo von Serotonin die Rede ist, sollte auch das Thema »Ernährung« nicht ausgespart werden. Der seelenausgleichende Serotoninhaushalt lässt sich durch die richtige Ernährung sehr effektiv unterstützen. Denn selbstverständlich erarbeitet unser Körper auch diesen Wirkstoff aus der aufgenommenen Nahrung. Dazu muss man wissen, dass es keine Serotonindepots gibt – der Transmitter wird unmittelbar im Gehirn aus der Aminosäure Tryptophan hergestellt. Somit kann nur regelmäßige Nahrungsaufnahme den Serotoninstoffwechsel aufrechterhalten. Kohlenhydrate fördern die Produktion von Tryptophan und Serotonin. Weitere Nahrungsmittel, die den Serotoninhaushalt positiv unterstützen, sind Bananen, Nüsse und Putenfleisch.

Nervenstärkende Kohlenhydrate

Man sollte sich also kohlenhydratreich und eiweißarm ernähren, um eine optimale Wirkung auf den Gehirnstoffwechsel zu erzielen. Dieser Grundsatz wird bei vielen Menschen Verwunderung auslösen, da wir in den letzten Jahren eher die umgekehrte Botschaft aus der Wunderwelt der Diätküchen erhalten haben. Zu viel Eiweiß verhindert aber, dass die kleinen Serotoninbausteine ins Gehirn gelangen können. So bleiben sie zwar im Kreislauf, geraten aber nicht an die wichtigen Schaltstellen. Kohlenhydratreiche Nahrung sorgt hingegen dafür, dass unser Gehirn die wertvollen Stoffe schnell und in ausreichender Menge aufnehmen kann.

> Dass Nahrung die Stimmung eines Menschen beeinflussen kann, ist seit Beginn der neunziger Jahre des 20. Jahrhunderts durch Messungen der Gehirnwellen und Reaktionen der Nervenzellen wissenschaftlich bewiesen.

Weitere Hilfen gegen Ängste

Kohlenhydrate richtig kombinieren

Natürlich sollten Sie darauf achten, nur wertvolle Kohlenhydrate zu sich zu nehmen: Vollkornprodukte wie Müsli und entsprechendes Brot, Kartoffeln, Reis (am besten Naturreis) und Hartweizennudeln (ohne Eieranteil). Diese Kohlenhydratlieferanten sollten Sie regelmäßig über den Tag verteilt zu sich nehmen. Gerade in dieser Hinsicht machen viele Menschen einen Fehler: Sie frühstücken nicht und arbeiten tagsüber stundenlang, ohne eine Zwischenmahlzeit zu sich zu nehmen. Der Figur zuliebe bestehen die Hauptmahlzeiten häufig nur aus Salat, der ja absolut keine Kohlenhydrate enthält. Natürlich gehören Früchte und Gemüse zu einer gesunden Ernährung – aber die hochwertigen Kohlenhydrate sollten eigentlich der Hauptanteil einer jeden Mahlzeit sein.

Viele Menschen meiden kohlenhydratreiche Nahrungsmittel wie Kartoffeln, Reis oder Nudeln, weil sie fälschlicherweise noch immer als Dickmacher gelten. Doch gerade diese Produkte stellen eine hervorragende Gehirnnahrung dar.

Vorsicht bei Diäten

Vielleicht erstaunt es Sie nach diesen Ausführungen nicht mehr allzu sehr, wenn Sie nun hören, dass viele Angstprobleme auch über eine kohlenhydratreiche, regelmäßige Ernährung positiv zu beeinflussen sind. Selbst ein psychisch völlig stabiler Mensch reagiert auf Hunger mit Gereiztheit und einem Stimmungstief. Dieses wird umso mehr »gezüchtet«, desto unregelmäßiger und spärlicher gegessen wird. Leider verführt der heutige Diätwahn die Menschen zu einem gegenteiligen Verhalten. Wenn Sie unter Angstproblemen leiden, sollten Sie daher auf keinen Fall eine Diät machen, die im Angebot unter 1500 Kilokalorien liegt – das könnte Ihren Serotoninspiegel senken und somit Ihr Nervenkostüm angreifen. Falls Sie dieses Thema näher interessiert, sei Ihnen an dieser Stelle ein ganz ausgezeichnetes Buch empfohlen: Es heißt »Schach dem Schmerz« und wurde von den Ernährungswissenschaftlern Cornelia Malz und Professor Michael Hamm verfasst. Das Buch zeigt, wie man durch eine serotoninfördernde Ernährung seine Schmerzschwelle heben und somit weniger reizempfindlich werden kann. Diese Ernährungsform ist jedoch keinesfalls nur für Schmerzpatienten, sondern auch für Menschen mit Angstproblemen hervorragend geeignet.

Die Belastungen in Grenzen halten

Regelmäßige Bewegung

Bewegung ist ein weiteres natürliches Mittel, um eine innere Angstbereitschaft nachhaltig abzubauen. Leider ist Bewegungsmangel nicht nur die Ursache für innere Unruhe, sondern auch für eine Reihe weiterer gesundheitlicher Probleme. Die ausgleichende Wirkung von Bewegung auf eine innere Angstbereitschaft hat handfeste organische Gründe. Erinnern Sie sich nochmals an die anfänglichen Ausführungen über den ursprünglichen Sinn unserer angeborenen Angstprogramme: Ihr eigentliches Ziel ist körperliche Unversehrtheit. Dies wurde vor 60 000 Jahren oft durch schnelles Weglaufen erreicht.

In der Angstaktivierung setzt der Körper eine Reihe von Stresshormonen frei. Dazu gehören z. B. die Nervenbotenstoffe Adrenalin und Kortisol, die vor allem durch körperliche Aktivität wie Laufen wieder abgebaut werden. Der sitzende Mensch riskiert also, dass nach einem Angsterlebnis diese Stoffe noch stundenlang im Körper zirkulieren und innere Unruhe verbreiten. Sicher haben auch Sie schon festgestellt, dass nach körperlicher Betätigung eine angenehme Erschöpfung einsetzt. Dieses zufriedene Gefühl entsteht dadurch, dass die Stressstoffe abgebaut werden und die ausgleichenden Stoffe wieder aktiv werden können.

Abbau von Stresshormonen

Vor allem ausdauernde Bewegungen, die den Kreislauf anregen, haben eine angstlindernde Wirkung: Laufen, Walken, Schwimmen und Fahrrad fahren. Doch Vorsicht: Steigern Sie Ihre Fitness ganz allmählich, denn eine zu große Anstrengung bei schwacher Kondition führt nur zu körperlicher Überforderung, und leider reagiert unser Körper auf Überforderung wiederum mit Stressprogrammen. Es gibt einen guten Anhaltspunkt für gesunde Bewegung: Wenn Sie sich dabei noch unterhalten oder leichte Rechenaufgaben lösen können, sind Sie außerhalb der Stresszone. Sollte es Ihnen gelingen, dreimal pro Woche ein halbstündiges kreislaufanregendes Bewegungsprogramm durchzuführen, haben Sie gute Chancen, Ihr Angstproblem erfolgreich zu »überholen«.

Sport hält nicht nur den Körper fit, sondern hat auch eine wohltuende Wirkung auf die Psyche. Diese Wirkung kommt dadurch zustande, dass beim Sport überschüssige Stresshormone abgebaut werden.

Weitere Hilfen gegen Ängste

Der Weg in die Freiheit

In diesem Buch haben Sie eine Reihe von Angstreduktionstechniken kennen gelernt. Probieren Sie alle vorgestellten Hilfen und Übungen einmal aus, um Ihr persönliches »Freiheitsprogramm« herauszufinden. Es kann schon hilfreich sein, sich mit drei Bausteinen zu beschäftigen, z. B.:

- Beruhigung durch Tagträume
- Umschalttechnik
- Regelmäßiges Kreislauftraining

Konzentrieren Sie sich zunächst auf diese drei Punkte. Wichtig ist dabei, dass Sie die Angstreduktionstechniken täglich einsetzen. Alle vorgestellten Möglichkeiten sollten in einer Atmosphäre von individueller Sicherheit eingeübt werden. Beginnen Sie mit dem Training nicht mitten in einer Angstsituation.

Wenn Sie sich Ihrer Angst stellen und sich aktiv mit ihr auseinander setzen, wird es Ihnen über kurz oder lang auch gelingen, einen Weg aus dem Teufelskreis der Angst zu finden.

Das Erlernte im Ernstfall proben

Wenn Sie etwas Routine gewonnen haben, können Sie sich einmal gezielt in eine »mittelschwierige« Angstsituation begeben und Ihre Methoden – vor allem die Mentalübungen – ausprobieren. Natürlich sollten Sie nicht im Fahrstuhl Fahrrad fahren, falls dieses Bewegungsprogramm mit zu Ihrer Bewältigungsstrategie gehört. Genießen Sie vielmehr bewusst Ihr neu gewonnenes Fitnessgefühl, wenn Sie in den Fahrstuhl einsteigen. Denn die bewusste Wahrnehmung von körperlicher Kraft kann Angstgefühle sehr nachhaltig reduzieren.

Belastende Lebensumstände ändern

Vor allem aber sollten Sie sich die Zeit nehmen, Ihre Lebenssituation einmal kritisch zu überdenken. Leben Sie in einem sozialen Spannungsfeld, arbeiten Sie permanent zu viel, ernähren Sie sich schlecht? Sind Sie eigentlich glücklich? Bedenken Sie, dass Angst oft aus einem zu hohen Grunderregungsniveau heraus entsteht, das in vielen Fällen ein Ergebnis von unbewusster Lebensunzufriedenheit darstellt.

Über dieses Buch

Über die Autorin
Cora Besser-Siegmund ist Diplompsychologin und ausgebildet in Verhaltens- und Gesprächstherapie. Sie leitet als Therapeutin und Managertrainerin zusammen mit ihrem Mann das Besser Siegmund Institut in Hamburg. Sie machte sich durch mehrere erfolgreiche Sachbücher über mentale Erfolgsstrategien einen Namen.

Adressen
Wenn Sie Kontakt mit der Autorin aufnehmen möchten, wenden Sie sich bitte an das Besser Siegmund Institut, Jakobikirchhof 9, 20095 Hamburg, Tel. 040/327090. Adressen von NLP-Therapeuten erhalten Sie bei der Deutschen Gesellschaft für Neuro-Linguistische Psychotherapie, Weststraße 76, 33615 Bielefeld, Tel. 0521/123269, oder beim Deutschen Verband für Neuro-Linguistisches Programmieren, Schwanenwall 2, 44135 Dortmund, Tel. 0231/526010. Das Institut für Psychotraumatologie Köln, Springen 26, 53804 Much, Tel. 02245/91940, hilft weiter, wenn Therapeuten für EMDR gesucht werden. Auskunft über Therapeuten, die klinische Hypnose zur Behandlung einsetzen, erteilt die Milton Erickson Gesellschaft, Eppendorfer Landstraße 56, 20249 Hamburg, Tel. 040/4803704.

Literatur
Besser-Siegmund, C./Siegmund, H.: Denk dich nach vorn. Econ Verlag. 2. Auflage, Düsseldorf 1997
Besser-Siegmund, C.: Magic Words. Econ Verlag. Düsseldorf 1995
Callahan, R.J.: Leben ohne Phobie. VAK Verlag. Freiburg 1996
Peseschkian, Dr. med. N.: Der Kaufmann und der Papagei. Fischer Verlag. Frankfurt 1988
Shapiro, F.: EMDR. Grundlagen und Praxis. Junfermann Verlag. Paderborn 1998
Schmidsberger, S. und Dr. P.: Guter Rat für Nerven und Seele. Die neue Generation pflanzlicher Heilmittel. Cormoran Verlag. München 1997
Wolf, D.: Ängste verstehen und überwinden. PAL Verlag. Mannheim 1998

Hinweis
Das vorliegende Buch ist sorgfältig erarbeitet worden. Dennoch erfolgen alle Angaben ohne Gewähr. Weder Autorin noch Verlag können für eventuelle Nachteile oder Schäden, die aus den im Buch gemachten praktischen Hinweisen resultieren, eine Haftung übernehmen.

Bildnachweis
AKG, Berlin: 48; Besser-Siegmund Cora, Hamburg: 60; Fotoarchiv, Essen: 22 (J. Tack); Image Bank, München: 30, 33 (D. de Lossy), 56 (S. Messens); laif, Köln: 44 (F. Schultze); Südwest Verlag, München: Titel (D. Parzinger); Tony Stone, München: 1 (B. Bailey), 6 (A. Berger), 78 (B. Ayres), 84 (C. Harvey), 53, 89 (J. Darrel), U4 (S. Cohen); Transglobe, Hamburg: 24 (Karwasz), 76 (J. Held)

Impressum
© 1999 Südwest Verlag GmbH in der Verlagshaus Goethestraße GmbH & Co.KG, München
Alle Rechte vorbehalten
Nachdruck – auch auszugsweise – nur mit Genehmigung des Verlags.

Redaktion:
Judith Schuler

Projektleitung:
Anja Feise

Redaktionsleitung und medizinische Fachberatung:
Dr. med. Christiane Lentz

Bildredaktion:
Gabriele Feld

Illustrationen:
Kathrin Herwig

Produktion:
Manfred Metzger

Umschlag:
Heinz Kraxenberger, München; Till Eiden

DTP/Satz:
Mihriye Yücel

Druck:
Color-Offset, München

Bindung:
R. Oldenbourg, München

Printed in Germany

Gedruckt auf chlor- und säurearmem Papier

ISBN 3-517-07808-5

Register

Agoraphobie 22f.
Angst
  – als Begriff 4ff., 12, 58, 75f.
  – als Chance 41
  – als Hilfeschrei 40
  – Auseinandersetzung mit der 78f., 94
  – Aushalten der 13f.
  – Erlernen von 16f.
  – Körperfokus der 71f.
  – körperliche Reaktion auf 10f.
  – Stoffwechselprodukte der 9
  – ursprünglicher Sinn der 8f.
  – Wachsamkeit durch 9
Angstauslöser 15f., 18, 26, 30, 44ff.
Angstbereitschaft 30ff., 36
Angstdrachen, innerer 77
Angstimpfung 35ff.
Angstreduktion 4, 18f., 50ff., 56ff., 68, 76, 78ff., 94
Angstsymptome einschätzen 14
Angstsyndrom, generalisiertes 24f.
Angstwortliste 67
Antidepressiva 82f., 85, 90f.
Arousal 31f., 37, 82
Atemübungen 12

Baldrian 88
Belastungsstörungen, posttraumatische 28
Benzodiazepinpräparate 81f.
Bewegung 93f.
Body-Scan 56ff., 61, 63, 67f., 71f.
Brückenangst 63ff.

Eichhörncheneffekt 58ff.
Eltern, überängstliche 35f.
EMDR (Eye Movement Desensitization and Reprocessing) 43, 80
Entspannung 23, 26, 29, 33f., 42f.
Erholungsphasen 33f.
Erlebnisse, belastende 43
Ernährung 91f.

Erregungsniveau 32, 34, 37f., 94
Erschöpfung, körperliche 29, 33

Fehlattribuierungen 12ff.
Flooding 23, 79f.
Flugangst 66, 82

Gedanken
  – Angst auslösende 44ff.
  – automatische 53ff.
  – negative 25
  – rationale/irrationale 45ff.
Gedankentagebuch 49ff.

Herzklopfen 12, 58
Höhenangst 34, 40
Hypnose, klinische 80

Isolation 4, 21

Johanniskraut 89ff.

Kava-Kava 88
Kohlenhydrate 91f.
Konfrontation 23, 26, 80
Konzepte, interdisziplinäre 78

Lebensfreude 60f., 76
Lerngeschichte, persönliche 35ff.
Limbisches System 15ff., 31

Magic-Words-Methode 62ff., 67f.
Märchen der Gebrüder Grimm 37
Medikamente 81ff.
Melisse 88
Menschen, ängstlich veranlagte 28f.
Mentalexperiment 69f., 72
Metapher, therapeutische 39

Naturheilmittel 86ff.
Nervensystem 8f., 12, 15, 29, 32f., 41f., 89
Netzwerk, assoziatives 17
Neuroleptika 83f.
NLP (Neurolinguistisches Programmieren) 54, 80

Ohnmacht 14

Panik(attacken) 4, 6f., 12f., 22ff., 58
Perfektionismus, übertriebener 37ff.

Phobien, spezifische 26
Prüfungsangst 67
Psychopharmaka 82ff.
Psychotherapie 79, 85, 90
Psychotraumatherapie 43

Reizüberflutung 41f.

Serotonin 90ff.
Serotoninantagonisten 83
Sicherheitsduft 17
Sicherheitsperspektive 70f.
Sinneseindrücke, unbewusste 17f.
Sinnesreize interpretieren 44
Sozialphobien 27, 35
Spannungsfelder, soziale 38f., 94
SSU-Skala (für subjektives Unbehagen) 56, 63f., 66ff., 70f.
SSW-Skala (für subjektives Wohlbefinden) 56, 61
Stimmqualität, innere 51f., 55
Stresshormone 5, 10f., 93
Stresswörter 62, 64, 66
Symptomstress 4, 14

Tagträumen 42f., 94
Thymusdrüse 73ff.
Tierphobien 26
Tranquilizer 81f.

Überforderung 33f.
Übungen 5, 12f., 17, 23, 25, 29, 35, 42, 51f., 70f., 75
Umschalttechnik 71ff., 94
Unterbewusstsein 15, 18, 41

Verhaltenstherapie, kognitive 44, 53, 79
Vermeidungsverhalten 40f.

Wahrnehmung, dissoziierte 68ff.
Wahrnehmungsselektion 59
Wörter
  – körperliche Reaktionen auf 63
  – Kraft der 62ff.
Wortgestaltung, innere (Ideenliste) 65
Wortstrukturanalyse 64, 67